colección acción empresarial

EMOCIONES
LABORALES

Alberto Blázquez Manzano (coordinador)

EMOCIONES
LABORALES

MADRID BARCELONA
MÉXICO D.F. MONTERREY
BOGOTÁ BUENOS AIRES
LONDRES NUEVA YORK

Comité Editorial de la colección de Acción Empresarial: Tomás Alfaro, José Luis Álvarez, Ángel Cabrera, Salvador Carmona, Germán Castejón, Guillermo Cisneros, Marcelino Elosua, Juan Fernández-Armesto, José Ignacio Goirigolzarri, Luis Huete, María Josefa Peralta, Pedro Navarro, Pedro Nueno, Jaime Requeijo, Carlos Rodríguez Braun, Susana Rodríguez Vidarte y Santiago de Torres.

Colección Acción Empresarial de LID Editorial Empresarial, S.L.
Sopelana 22, 28023 Madrid, España - Tel. 913729003 - Fax 913728514
info@lideditorial.com - LIDEDITORIAL.COM

EAN-ISBN13: 9788483567739
Directora editorial: Jeanne Bracken
Editora de la colección: Nuria Coronado
Edición: Maite Rodríguez Jáñez
Maquetación: produccioneditorial.com
Corrección: Noelia Jiménez
Fotografía de portada: © iStockphoto/letty17
Diseño de portada: El Laboratorio
Impresión: Cofás, S.A.
Depósito legal: M-4719-2013
Impreso en España / *Printed in Spain*

Primera edición: marzo de 2013

Te escuchamos. Escríbenos con tus sugerencias, dudas, errores que veas o lo que tú quieras. Te contestaremos, seguro: queremosleerteati@lideditorial.com

Índice

Algo más que un libro 9

1 **Buscando el origen de mis conflictos.** Alberto Blázquez
Manzano 15
    1. Hoy comienza un gran día hasta que viene alguien 15
    2. Entrando en razón 18
    3. El origen de mis conflictos 19
    4. Un amanecer especial 21

2 **Los jefes también lloran.** Juana María Gutiérrez Caballero   23
    1. Tanto tienes, tanto vales 23
    2. El cajón desastre de mis emociones 30
    3. Nunca es tarde para empezar 36

3 **Cuando un puesto no es cuestión de valía profesional.**
María Langa Ramos 39
    1. De profesión: curranta 39
    2. Cuando empezar la jornada se transforma en una
dura cuesta 41
    3. La sencillez y los negocios no son buenos amigos 42
    4. Descubriendo las máscaras de mis compañeros 44

4 | **Terceras personas.** Juana María Gutiérrez Caballero y
Alberto Blázquez Manzano 49
    1. En el punto de mira 49
    2. Lo que esconde el lado oscuro 51
    3. Apagando el fuego del rumor 54

5 | **Tocando fondo: en busca de mi identidad perdida.**
Javier Zamora Saborit 59
    1. Ese maldito ruido 59
    2. Diego, ¿estás preparado? 61
    3. Luchando contra el mar 64
    4. ¡Nos vamos a divertir! 67

6 | **Alguien nuevo en la oficina: seguro que es mejor que yo.**
Marta Mª Ferrer González 73
    1. Un mal despertar en un día importante 73
    2. Dejando volar mi imaginación 75
    3. Escondiendo el hacha de guerra 78
    4. Al final todo llega 79
    5. Después de todo, *you're the best* 81

7 | **Miedo a soñar: un lujo no permitido.** Mar Cárdenas 83
    1. Ilusión: ¿juego de niños? 83
    2. Buscando el cinco en las ventas 87
    3. No me hables, que no te escucho 90
    4. Sueño o realidad 93

8 | **Malas noticias.** Juana María Gutiérrez Caballero y
Alberto Blázquez Manzano 95
    1. El peso de una bata blanca 95
    2. Saber hacer y hacer saber 98
    3. Un paciente inesperado 99
    4. Diciendo lo que no quieres escuchar 101

9 | **Donde digo sí, quiero decir no.** María Langa Ramos y
Alberto Blázquez Manzano 109
    1. El precio de agradar 109
    2. El periódico es mío 113
    3. Ahora va a ser que no 115

10 | **Decisión irrevocable.** Ana Cristina Domínguez 121
    1. Y yo con estos pelos 121
    2. La peor decisión es la indecisión 123
    3. La realidad se vive ahora 126

11 | **Caracteres incompatibles.** Álvaro Merino y Pedro Díaz 133
    1. Un correo electrónico envenenado 133
    2. Dos caracteres incompatibles 135
    3. Un silencio en movimiento 139
    4. Un aprendizaje que hace crecer 144

12 | **Talento invisible.** Mar Cárdenas Muñoz 145
    1. La experiencia no se mide en años................................... 145
    2. Talento o entusiasmo... 148
    3. El reto de salir a escena 151

13 | **Enviado especial: la incertidumbre de lo desconocido.**
Ramón Fuentes de Juan.. 157
    1. Despidiendo la expedición de la Eurocopa e iniciando
       la historia 157
    2. Los compañeros hacen el viaje especial 160
    3. Lo que el ojo no ve 163
    4. El antídoto contra la incertidumbre 167

14 | **Lo que la sonrisa esconde.** Marta Mª Ferrer González 171
    1. Dando los buenos días 171
    2. La terapia de la sonrisa 173
    3. Cuatro frases pueden cambiarte la vida 175

15 | **La soledad en la gestión del cambio.** Pablo García Sampedro 179
    1. De vuelta a casa 179
    2. El factor novedad 182
    3. Penalti en contra a cinco minutos del final 190
    4. Bendita soledad 199

16 | **El tatuaje del despido.** Mar Asenjo Vilares 203
    1. Con las alas de mariposa 203
    2. El aguijón del escorpión 207
    3. Las señales de la vida 212

Galería de autores 215

Algo más que un libro

«Pocas ocasiones he tenido la oportunidad de sorprenderme de esta manera. Fue un desayuno con mi mujer lo que permitió aflorar una simple idea: ayudar a otros a entender el mundo emocional que vivimos a veces en el trabajo y que contribuye a superar nuestras crisis. Y los embajadores tenían que ser especiales, personas de relevancia en sus puestos y cuya experiencia desearan compartirla. Fue entonces con el primer correo electrónico y las primeras llamadas cuando me di cuenta de que ya no era yo quien elegía a los autores y que el proyecto era algo especial. Se convertía en el vehículo para que personas que no nos conocíamos entre nosotros abriéramos nuestras vidas como si de familiares se tratara. Esperar como niños la llegada de un correo electrónico o una llamada de alguno de los autores era una sensación similar a los primeros momentos de enamoramiento. Esto no estaba en el guión. Apenas habían pasado unas semanas. La mejor historia estaba por escribirse».

Alberto Blázquez Manzano

«Me esfuerzo cada día por ayudar y dar lo máximo. Sin embargo, los últimos reveses laborales me han hecho replantearme muchas estructuras y el precio de la congruencia entre lo que haces, piensas y sientes. Hay veces que hay que *morir* para nacer de nuevo. Y es en este escenario intenso y turbulento en el que soy cómplice directa de esta locura compartiendo ese día el desayuno con Alberto. Demostrarme a mí misma que la impotencia puede crear algo tan bello como esta idea y conocer a amigos de corazón es el mejor regalo que podía recibir en la reconquista de mi verdadero ser».

JUANA MARÍA GUTIÉRREZ CABALLERO

«Me levanto cada día creyendo que se puede mejorar el siguiente. Es una sensación extraña. Pasas las horas trabajando y esforzándote sabiendo que un día, cuando mires atrás, serás consciente de que todo el esfuerzo ha valido realmente la pena. Esa sensación fue la que tuve cuando recibí el correo de Alberto. Al proponerme el proyecto no me lo podía creer, ¿por qué a mí? Entonces pensé en que quizá habría visto todo ese esfuerzo que he ido trabajando día tras día. Fue contestar el correo electrónico y mi cabeza ya no podía parar. Me iba a andar o nadar y solo pensaba en frases, líneas o párrafos del libro. Se lo leía a mi madre y lo compartía con mi gente. Quería ver si sentían lo mismo que yo quería transmitir. El capítulo no es más que un trozo de nosotros mismos, de lo mejor que hemos experimentado. Son los pequeños detalles que hilamos en nuestras vidas los que hacen que realmente se sientan las emociones que queremos transmitir».

JAVIER ZAMORA SABORIT

«No todos los días recibes un regalo. Y cuando ese regalo es la oportunidad de contar una historia que lleva tiempo rondando por tu cabeza lo sensato es ponerse manos a la obra. Si además las palabras y, lo mejor, las emociones fluyen de forma inesperada es todavía más especial porque probablemente esto solo ocurre cuando una historia está impaciente por nacer. Y en ese momento te dejas llevar y comprendes que esta experiencia ya no te pertenece, que tiene vida propia y que se alojará en quienes la lean y, con un poco de suerte, en quienes se emocionen con ella. Solo por eso y por la magia que ha rodeado el nacimiento de este libro ha merecido la pena. Hay regalos en la vida que no deben de ser desaprovechados».

ANA CRISTINA DOMÍNGUEZ

«En estos tiempos difíciles, de lucha, de esfuerzo y en muchos casos de lamentos y penas, quiero que esta oportunidad de poder expresar mis sensaciones sea un haz de luz y un estímulo para aquellos a los que ahora no les acompaña la suerte. Muchas veces vivimos en una atalaya, ajenos a las dificultades de los demás, por eso quiero que mis experiencias y mis locuras sirvan como divertimento, para aislarse y zambullirse en la loca vida de un periodista que se dedica a contar las cosas como las siente. Es un placer participar en esta extraordinaria aventura. El premio: me basta con una pequeña mueca, una mínima sonrisa».

RAMÓN FUENTES DE JUAN

«"Propuesta por si te apetece". Con esas palabras en el asunto de un correo electrónico empezaba mi aventura en este libro. Una aventura que ha sido mucho más que participar en la redacción de una historia. Ha sido formar parte de un equipo de personas increíbles con un objetivo común: ayudar y ayudarnos a superar los pequeños baches que nos encontramos día a día en nuestro entorno laboral a través de unos personajes que, aunque de ficción, tienen buena parte de nosotros mismos. Esta aventura no ha terminado aquí, ni mucho menos. Sé que esto es solo el nacimiento de algo más y espero seguir ahí para compartirlo con todos. Gracias por darme la oportunidad de aportar mi granito de arena».

MARTA Mª FERRER GONZÁLEZ

«Sin duda alguna, para mí esta experiencia ha sido muy gratificante. Solo me he encontrado con una dificultad en el manejo de la gestión de mi tiempo y es que tengo tres maravillosos bebés que me roban prácticamente el 100% del mismo. Pero aun así, volver a reencontrarme con tantas y tan dispares emociones y sentimientos ha servido de una cura impagable. Y todo ello se lo debo a Alberto, una persona excepcional como pocas he conocido y creador de este hermoso proyecto, quien llamó a mi puerta justo cuando yo llevaba ya tiempo pensando en escribir un libro que sirviera de ayuda a gente que, como yo, estuviera pasando por una situación similar y demostrarles qué de todo se sale. Solo hay que tener fe, esperanza y paciencia para descubrir el motivo de muchos de los tropiezos que damos en la vida. Infortunios que, por cierto, te sirven para levantarte con más fuerza. Gracias, Alberto, por permitirme formar parte de esta gran familia y de esta enriquecedora aventura que, espero, repitamos en un futuro próximo, ya que el bien crece cuanto más se comunica. Besos del alma».

MAR ASENJO VILARES

«Dos minutos. Ese fue el tiempo que duró nuestra conversación tras la propuesta de formar parte de esta bonita historia. Como buenos amantes del deporte, nos encantan los retos y esta ocasión no iba a ser la excepción. La pasión que transmitía Alberto nos animó enseguida a lanzarnos y la experiencia no ha podido ser más satisfactoria. La aparición de conflictos en el entorno laboral resulta inevitable, especialmente en épocas de gran tensión como la actual, por lo que esperamos que las historias que cada uno de nosotros ha recogido en este libro ayuden al lector a gestionar y a superar dichos conflictos de manera exitosa».

PEDRO DÍAZ Y ÁLVARO MERINO

«Con este proyecto he aprendido varias de las cosas más importantes que he podido aprender en mi vida. La primera de todas, sentir y poner en práctica aquella frase de "querer es poder". Es totalmente cierto que si tienes ilusión por algo y realmente te lo propones puedes hacerlo. Y, lo que es más importante, disfrutar con el proceso. Solo necesitas encender la mecha. Lo segundo, he aprendido a saber que existen personas con unas cualidades humanas y profesionales que, de otra manera, hubiese sido imposible conocer. Con ello he sufrido una reestructuración muy positiva a través de compartir este proyecto y sus relatos, de las formas de ver y entender la realidad que ya estoy poniendo en práctica. ¡Realmente funcionan! Y, aunque suene utópico, funcionan para ser más feliz en el día a día. Conocer a Alberto me ha trasladado las ganas de emprender proyectos que me gusten de verdad, a luchar y esforzarme por un objetivo, a poner en práctica (pero sintiéndolo y creyendo en ello) todos aquellos conocimientos teóricos de cursos y *coachings* de prestigiosos ponentes que he recibido a lo largo de mi vida. Solo puedo expresar gratitud por formar parte de esto. Solo puedo esperar que alguien que lo lea lo reciba como el regalo que me hicieron a mí aquel día de junio de 2012».

MARÍA LANGA RAMOS

«"Detente y ve crecer la hierba". Algo tan sencillo de visualizar y tan difícil de llevar a cabo. Nuestra rutina se compone de un ritmo frenético, de una sobrecarga de objetivos tal, que resulta casi imposible detenerte, observar y disfrutar de tu alrededor. Eso es lo que Alberto me ofreció con este libro. Utilizar los distintos personajes que componen los capítulos de este libro para aislarse y desconectar de nuestro día a día, disfrutando con todas sus experiencias. El resto fue sencillo. Me contagió de su entusiasmo, su energía y su pasión para así dar forma a nuestras vivencias y me contagió también el placer de compartirlas con el resto de protagonistas que conforman los capítulos de mis compañeros. Un lujo. El resultado del mismo es un regalo que me gustaría compartir con todo aquel que quiera aprender a detenerse y observar a su alrededor».

PABLO GARCÍA SAMPEDRO

«La semana estaba siendo densa; tanto, que me costaba casi respirar. También el calor del inicio del verano ayudaba a ello. Me pinté las mejores de las sonrisas y me dije: "Mar no puedes vivir sin sueños, estás empezando a marchitarte y tú no eres así". Abrí el correo electrónico y allí estaba el correo de Alberto, alguien que sin conocerme me ofrecía un regalo. Esto no es habitual y sin pensarlo le llamé. La conversación fue muy fluida. Me sorprendió gratamente descubrir que había personas que tenían sueños y los compartían, haciéndote partícipe de ellos. Me quedé sin aliento. Leí una vez que la vida no son las veces que tomas aliento, sino las que te deja sin él. He disfrutado mucho escribiendo los capítulos, compartiendo sensaciones propias, reconstruidas, observadas, en definitiva, haciéndolas mías al final. Gracias por avivar un sueño que estaba empezando a apagarse. Cuando la soledad muerda nuestras almas, cuando necesitemos encontrar un hálito de esperanza para sortear cada día, busca en el único equipaje que el corazón guarde los momentos sin aliento. Es ahí donde quiero que me lleves, a pesar de que el tiempo insista en desterrarme».

MAR CÁRDENAS MUÑOZ

1

Buscando el origen de mis conflictos
Alberto Blázquez Manzano

1. Hoy comienza un gran día hasta que viene alguien

Madrid, 07.30 de la mañana, comienza un gran día. Lucen los primeros rayos de sol primaverales, una temperatura ideal y encima estamos a viernes. Disculpad, no me he presentado. Me llamo Alfredo Ruiz, tengo 38 años y soy auxiliar administrativo de una empresa de mantenimiento de jardines en comunidades de vecinos.

Hoy es uno de esos días en los que presientes que todo va a salir bien. Incluso me ha dado por saludar al vecino del quinto, que habitualmente no se habla con nadie. Me ha gustado la leve sonrisa que ha esbozado como sorprendido de que le haya regalado un «¡buenos días!».

Pues bien, aquí me encuentro paseando a ritmo rápido para llegar temprano al trabajo ya que soy quien abre la oficina y, si me retraso, puedes tener por seguro que mi jefe se va enterar y precisamente no es un canto de ángeles.

Por la acera de enfrente veo venir al director de mi banco (Fernando), con el que llevo diez años trabajando (aunque nunca he entendido por qué se dice eso). Fijo mi mirada en él y acompaño su caminar esperando el saludo. Con mi mano levantada y la euforia de mi gran viernes, recibo la sorpresa de ver cómo el susodicho me gira la cabeza y dobla la esquina de una calle que precisamente no va en la dirección a la oficina del banco. «¡Toma ya!», me digo a mí mismo. Si le hubiera lanzado un córner en un partido de fútbol y hubiera rematado a portería, creo que no hubiera girado el cuello tan rápido como lo ha hecho. Pues bien, ahí estoy yo, recibiendo este desaire.

A medida que voy caminando, comienza a entrarme un calor de ira por el cuerpo que no te puedes imaginar. Claro, como hace tiempo que no voy a la oficina del banco y soy uno de esos clientes pobres, no merezco ni siquiera un saludo. ¡Qué rabia!, me acuerdo de lo simpático que se puso cuando firmé la hipoteca. Miro el reloj y son las 07.56, con 25°C. Me parece que, como siga pensando en el tema, subo la temperatura de Madrid en dos grados más.

Como comprenderás, entre la prisa de llegar apurado al trabajo y la ira que tengo ahora mismo, no estoy para fiestas. Y en ese momento, la llamada ley de Murphy vuelve a hacer su aparición. Son las 08.06 y mi jefe está en la puerta de la oficina mirando el reloj. «¡Madre mía, la que me va a caer! –me digo a mí mismo–. ¡Qué casualidad!, hace tres meses que no aparece por la oficina y hoy que llego tarde se presenta».

–Buenos días, señor Benítez –le digo con voz algo temerosa.

–¿Buenos días? Serán para ti, porque abriendo tarde la oficina, ¡así vamos a levantar España! Ya sabes que, para compensar esto, ¡hoy te quedas hasta las 14.30, para que aprendas! ¡Y si no quieres ya sabes dónde está la puerta!

Así que después de este canto celestial de mi jefe decido obedecer porque donde hay patrón no manda marinero. De estar como la alegría de la huerta he pasado a sentirme como el último pepino de una caja en una frutería, arrugado.

Me siento en mi silla, enciendo el ordenador y me pongo a revisar las tareas pendientes del día anterior. En un momento de tranquilidad relativa pienso en la escena del desaire del director del banco.

Me viene a la cabeza un refrán que me repetía mi padre: «por el interés te quiero, Andrés». Pues sí, no sé quién sería este Andrés, pero viendo el enfado que tengo yo, lo tendrían que beatificar.

El caso es que no sé por qué extraña razón desde ese momento mis emociones se han contaminado como si me hubiera tomado un veneno. Mi mente no deja de generar ideas negativas sobre esta persona, justificando por un lado el estado emocional que estoy viviendo pero, por otro, haciéndolo más grande. Incluso me ha costado concentrarme en otros asuntos que no hagan referencia a este hecho.

La riña de mi jefe no me ha causado tanto impacto, ya que no es la primera vez que lo hace, pero el desaire del director del banco no me lo esperaba. Dicen que cuando algo no se entiende envenena.

Las ideas se suceden en mi cabeza: ¿quito la cuenta del banco? ¿Tiro en su mesa las tarjetas? ¿O mejor me presento con publicidad de la competencia para que se fastidie? De repente llega Luisa, una de las limpiadoras que trabaja para la empresa y que viene como todos los días a por los utensilios de limpieza para empezar su jornada. Me da los buenos días y me pregunta por el fin de semana. Como todavía continúo con la ira de la situación vivida, reconozco que no soy muy espléndido en las explicaciones que doy y me limito a decir que como otro fin de semana cualquiera, sin nada especial. Realmente no me apetece hablar. Reconozco que Luisa no tiene culpa ninguna de lo ocurrido, pero cuando no te encuentras bien no estás para dar explicaciones.

–¿Te pasa algo? –me dice Luisa–. Es que te noto algo tenso.

–Es que me han fastidiado el día –le contesto.

–¿Por qué? –me responde ella.

–Pues nada, que me ha molestado un montón ver que Fernando, el director del banco de mi barrio, me ha dejado con el saludo en la boca.

–Bueno, Alfredo, no te lo tomes así, ¿o es que tú no has actuado alguna vez de esta manera? –me responde Luisa–. Quién sabe si ha empezado el día con mal pie y no le apetece saludar. En esta vida es muy complicado quedar bien con todo el mundo y darle a cada uno lo que necesita. Recuerda que cada uno sabe dónde le aprieta el zapato.

Aquella pregunta me hizo bajar el calor corporal de la ira que tenía, como si de un paracetamol se tratase.

–Pero Luisa, también tienes que pensar que no tengo culpa ninguna de lo que le pase y jamás le he faltado el respeto a esta persona. Creo que a nadie le gusta que le ofendan, sobre todo si no ha dado motivos para ello –le respondo.

–Alfredo, opino que no te debes creer tan importante como para pensar que ese desaire va malintencionado. Einstein decía que hay dos cosas infinitas: el universo y la estupidez humana –me responde Luisa.

2. Entrando en razón

Creo que esta conversación con Luisa me ha servido para entrar en razón y parar el torrente de pensamientos que había generado.

–Discúlpame, Luisa –le respondo.

–¿Por qué? –me dice ella.

–Porque creo que no te hablé bien al principio de la conversación –continúo.

–No te preocupes, Alfredo, todos vivimos conflictos a diario y a veces buscamos en los demás el detonante para justificar nuestra ira interna.

–Pues sí, creo que tienes razón. La verdad es que llevo una semana complicada en el trabajo y precisamente hoy había decidido hacer todo lo posible para que fuese un gran día.

–¿Y qué te impide que sea un gran día? Que yo sepa, un desaire dura unos segundos y el día tiene muchas horas. Recuerda que la conciencia es a la vez testigo, fiscal y juez –me responde ella.

–Tienes razón, Luisa. Muchas gracias por tus consejos –le digo, despidiéndome de ella.

La conversación con Luisa me ha hecho pensar por qué las personas vivimos en un conflicto permanente en nuestras vidas. Probablemente este señor, trabajando en el entorno bancario, está sufriendo las consecuencias de un ambiente hostil. Mi madre me decía que «poderoso caballero es don Dinero» y que «el oro hace soberbios y la soberbia, necios».

Son las 10.00 y me encuentro inmerso en la vorágine del trabajo: llamadas, faxes y visitas. Poco a poco comienzo a tomar distancia de la situación vivida, aunque no se me olvidan las palabras de Luisa. Me han hecho reflexionar. ¿Por qué me afectó de esa manera aquella situación y me llevó a actuar así? Iba a ser mi gran día y ahora me arrepiento un montón de que este conflicto haya ocupado el protagonismo.

3. El origen de mis conflictos

Son las 14.30 y me dispongo a salir del trabajo. Si recuerdas, me había tocado echar media hora más como castigo a mi retraso matinal. La verdad es que cada vez que lo pienso me doy cuenta de las consecuencias de lo que me ha ocurrido.

Camino a casa, como si de una película se tratase, me visualizo como si en mis hombros tuviera un diablillo y un angelito enviándome mensajes.

–¡No le des importancia! –me aconseja mi angelito.

–¡Cómo que no! A ver si me lo encuentro por la calle. ¿Qué se ha creído este, que por trabajar en un banco va a ser más que tú? No te mereces eso –me dice mi diablillo.

En esta dialéctica interna comienzo a reflexionar sobre el asunto y me doy cuenta de que todo radica en la percepción que tenemos de las cosas. Cada uno interpretamos las señales en función de nuestras experiencias pasadas, lo cual nos lleva a involucrarnos emocionalmente en mayor o menor medida.

Llego a casa y me dispongo a comer. Hoy toca arroz caldoso, uno de mis platos preferidos. Ah, se me olvidaba: estoy soltero y de momento sin compromiso, por lo que se podría decir que soy dueño de mi tiempo. Mañana sábado trabajo pero esta tarde la tengo libre. Así que después de comer voy a darme una vuelta en bicicleta para despejarme y seguir indagando en el porqué de mis conflictos.

Parque del Retiro, 17.30 horas. Voy paseando en bicicleta, escuchando los últimos éxitos a través de mi MP3. De repente, veo una escena que me hace reflexionar. Un niño de unos 4 años corre a los brazos de su padre. Como si de un *flashback* se tratara, me autotransporto a mi infancia y trato de revivir los abrazos de mi padre cuando llegaba a casa del trabajo.

¡Qué curioso! Acabo de acordarme de un libro que leí de Enric Berné que trataba sobre la psicoterapia y que venía a decir que en nuestro interior residen un padre, un niño y un adulto. El primero se podría explicar como la mochila de recuerdos que nuestros padres nos han proporcionado como herencia del pasado y por tanto algo incuestionable. El segundo se definiría como el momento actual que representa la emocionalidad con la que vivimos nuestras experiencias. El tercero, el adulto, es el plano más objetivo, donde se trata de dar explicación lógica a lo que vivimos. Estos tres estados de la persona son los que están presentes en cada instante, teniendo mayor o menor protagonismo según el momento.

¡Ahora empiezo a entender! En nosotros mismos estos diferentes estados pueden entrar en conflicto, como por ejemplo no entender lógicamente (conducta de adulto) por qué reacciono con ira (conducta de niño) o por qué una reacción de tristeza (conducta de niño) no está en consonancia con la forma en la que nuestros padres la vivían (conducta de padre). Probablemente sería cuestión de seguir indagando en el origen.

Después de esta interesante tarde me dispongo a cenar y ducharme, no sin antes hacer un poco de *zapping* por si logro ver algo que merezca la pena.

Tengo sueño, así que me voy a dormir. Mañana sábado también me toca trabajar hasta las 14.00, si mi jefe no me dice lo contrario. Ya sabes el humor que tiene.

4. Un amanecer especial

Ese agradable sonido del despertador a las 06.30 me invita siempre a lanzarlo por la ventana, pero hoy es un día especial. Mientras me estiro en la cama recuerdo los pensamientos de ayer y empiezo a entender que lo vivido fue un duelo en toda regla.

Cuando alguien sufre una pérdida o daño, en primer lugar niega lo ocurrido. Fue lo que me pasó con Fernando, el director del banco. No podía entender por qué me había hecho ese desaire. Posteriormente llega la ira, algo que pagué en parte con Luisa, pero que con sus palabras me ayudó a entrar en la fase de negociación conmigo mismo. Después me arrepentí de haber destinado tanto tiempo a esta tontería, lo que sería la fase de tristeza. Por último llego a la fase de aceptación y entiendo que gracias a esta experiencia he podido conocerme mejor. Mi niño interior se vio ofendido por esta situación y curiosamente las frases y refranes que más he repetido en mi vida han permitido apuntalar y entender lo que me había pasado.

¡Ahora sí, hoy va a ser mi gran día! Me cepillo los dientes, me peino y me pongo la camisa que más me gusta, una que me compré en Londres el año pasado y que pone: *Don't forget to smile!* [¡no olvides sonreír!]. Hoy no llego tarde al trabajo, porque me he levantado antes y además voy a ritmo rápido. Doblo la esquina y ¡no me lo puedo creer, mi jefe! ¡Qué desconfiado! Se pensará que llego tarde todos los días. El angelito que está en mi hombro me susurra: «¡Alfredo, hoy es tu gran día, recuerda!». Y cuando el diablillo que todos tenemos dentro se dispone a contaminar mi mente, le paro en seco: «¡Anda, vete a dormir, que hoy no hay trabajo para ti!».

Así que aquí me tenéis, a diez metros de la puerta del trabajo, dirigiéndome hacia mi jefe con mirada decidida. Él mira su reloj y cuando eleva su cabeza le digo:

–Señor Benítez, no mire el reloj: quedan quince minutos para las 08.00 y aquí tiene un abrazo de mi parte, porque hoy es un gran día para mí.

En la vida hay cosas que no tienen precio. La cara de mi jefe cuando le di el abrazo, tampoco.

Hoy aprendido que quien adelante no mira, atrás se queda.

2 | Los jefes también lloran
Juana María Gutiérrez Caballero

1. Tanto tienes, tanto vales

–Buenos días a todos. Son las 08.35 y vamos a dar comienzo a la reunión. A ver, hoy toca elegir el presupuesto para el suministro de papelería, ¿verdad? Venga, señor Díaz, ¿dónde están los presupuestos? –le pregunto.

Discúlpame, no me he presentado. Me llamo Federico Sanz, tengo 44 años y soy el jefe de la Consultora Bureau Change en Pamplona. Soy una persona muy exigente y perfeccionista en todo lo que hago y no me gusta que nada salga mal. Probablemente los tres empleados (Marcos Díaz, Manuel Cruz y Marisa Fernández) que trabajan en la empresa saben de lo que hablo. Para mí no hay segundas oportunidades. Intento tomar casi todas las decisiones, ya que donde hay opciones o incertidumbre hay posibilidad de conflicto. Soy consciente de que uno de mis errores es querer imponer mi idea sin escuchar a los demás, pues en el fondo tengo miedo de no salirme con la mía.

En el mundo de los negocios, donde me muevo, es importante no bajar la guardia y si quieres hacerte un hueco tienes que tener tu personal a raya. Soy de los que entiende que en una disputa uno gana y el otro pierde. No creo en eso de un desacuerdo amistoso.

Podría catalogarme como adicto al trabajo, ya que no consigo desconectar ni en los fines de semana. Creo que siempre hay que estar disponible. Soy consciente de que ser jefe no es fácil y que puede ser sinónimo de dureza. Ahora bien, tengo claro que si se ha logrado tener una buena cartera de clientes es por el trabajo duro y exigente que también impongo a mi personal. Alguna de mis máximas son que nadie te regala nada y que tanto tienes, tanto vales.

En el ámbito familiar, estoy separado hace dos meses y tengo una hija de 4 años. Por ello, el tiempo que puedo estar con la niña lo considero sagrado, aunque ahora más que nunca he focalizado mis esfuerzos en el trabajo. No obstante, del tema familiar no me gusta hablar. Así que, si te parece, prosigo con la reunión.

—A ver, señor Díaz, comience su exposición –le digo.

—Gracias, señor Sanz. Aquí tenemos tres facturas de varias compañías –explica el empleado Marcos.

De repente, recibo una llamada al móvil, que vibraba en modo silencio. Cuando iba a apagarlo para no interrumpir la acalorada reunión, miro el nombre que aparece en la pantalla: «colegio». En ese momento pido disculpas a los empleados para salir de la sala y contestar.

—Perdonadme, es importante esta llamada –me disculpo ante los empleados.

—Sí, dígame –respondo al teléfono mientras salgo de la sala de reuniones.

—Hola, buenos días. Soy Josefina, directora del colegio de su hija Lucía. Le llamaba porque su hija acaba de caerse del columpio y se ha hecho una brecha en la cabeza. La maestra de guardia ha detenido la hemorragia momentáneamente y se encuentra con ella tranquilizándola.

—Eh, eh, pero ¿está bien? ¿Hace mucho tiempo que ha ocurrido? ¿Han llamado a la ambulancia? –respondo con voz temblorosa.

—Sí, acabamos de llamar a la ambulancia y está de camino –contesta la directora del colegio.

–En quince minutos estoy ahí. Por favor, manténgame informado de todo –le indico a la directora.

En ese momento el mundo se me cae encima. No podía pensar en nada más que en llegar a tiempo y ver a mi hija. Entro en la sala y les digo a mis empleados:

–Tengo que ausentarme, suspendemos la reunión a mañana. Seguid trabajando, por favor.

Bajo las escaleras para no esperar al ascensor y así encontrarme con el menor número de personas posible. ¡No es momento de dar explicaciones o pararme a hablar! Llego al coche y con la mano temblorosa meto la llave para arrancarlo. Salgo del garaje como un fugitivo. ¡Semáforo en ámbar! Lo siento, no puedo pararme.

En 18 minutos estoy en las inmediaciones del colegio y solo pienso: «¿dónde está mi aparcamiento?». Dicen que, si lo piensas mucho, lo encuentras. En este caso, solo podía pensar en esto y en mi hija. Por suerte, uno de los maestros estaba saliendo del colegio y le pregunté si se marchaba. Me dijo que sí.

–¡Gracias, gracias! –le digo y me digo también a mí mismo.

Aparco el coche y salgo corriendo hacia la entrada del colegio. Pregunto al conserje:

–¿Dónde está mi hija Lucía, una niña de infantil que se ha caído del columpio?

–Ah, ¿usted es su padre? –me responde el conserje.

–Sí, sí, soy yo. ¿Dónde está, por favor?

–Está en la sala de reuniones, en aquella puerta. La señorita María del Mar está cuidándola –responde el conserje.

Me dirijo corriendo hacia allí, encomendándome a todos los santos para que Lucía esté bien. Abro la puerta y ahí la veo. Está sentada

con un pañuelo ensangrentado en la cabeza que le sujeta la señorita.
En la otra mano, una botella de agua.

–Lucía, hija mía, ¿cómo estás, cariño? –le pregunto.

–¡Me he caído papá! –me responde Lucía con voz débil.

–Tranquila, ya está aquí papá y verás cómo todo va a salir bien.

Le pregunto a María del Mar, su señorita, cómo está. Me dice que
ha caído de cabeza desde el columpio y que aunque han tratado de
parar la hemorragia ha perdido un poco de sangre. En ese momento
la sirena de la ambulancia se escucha de fondo. Un equipo de médica
y enfermero llegan a la sala donde nos encontramos y proceden a
explorarla. Rápidamente la médica decide llamar al conductor para
que traiga la camilla.

–¡Nos la llevamos al hospital! Hay que estar seguros de que no
tiene otros daños –dice la médica.

–Sí, sí, ¿puedo ir con ustedes? –le respondo con ojos llorosos y
emocionado.

–¿Es usted su padre? –me responde la médica.

–Sí, soy yo.

–Está bien, acompáñenos.

Suben a Lucía a la camilla y, mientras nos dirigimos por el pasillo
camino de la ambulancia, mi hija me coge la mano y me la aprieta
con fuerza. En ese momento no puedo evitar tragarme un nudo en la
garganta que casi me deja sin respiración. Con los ojos algo humede-
cidos, intento contener mi emoción para que Lucía no se preocupe.

–Tranquila, hija, todo va a salir bien. Estos señores te van a curar.
Papá va a estar contigo.

Mi mirada solo tenía una dirección, mi niña. Subimos a la ambulancia y rápidamente el enfermero le pone una vía con suero fisiológico al tiempo que continúa apretándole el pañuelo para contener

la hemorragia lo más posible. Nunca un trayecto de diez minutos se me había hecho tan largo. No podía pensar en otra cosa. Le repetía una y otra vez a mi hija: «te vas a poner bien, papá está contigo». El enfermero y el médico se miraban de vez en cuando con mirada compasiva, entendiendo los duros momentos que estaba pasando. Aunque la tarjeta sanitaria la tiene Carmen, mi exmujer –bueno, mi mujer todavía legalmente–, le facilito al enfermero los datos de Lucía para su identificación.

Llegamos a Urgencias del hospital y me indican que debo esperar fuera. El equipo médico dirige en la camilla a Lucía y la introducen en uno de los *boxes* de observación. Llego hasta la misma puerta. Mi corazón me dice «entra», mi cabeza me dice «déjales trabajar, ahora no puedes hacer nada». En ese momento me acuerdo de Carmen, mi mujer. Con tanta emoción, no había podido pensar en nada más. Procedo a llamarla por teléfono.

–¿Carmen? ¿Eres tú? –le pregunto.

–Sí, soy yo, Federico. ¿Qué quieres? –me responde ella.

–Estoy con Lucía en el hospital. Se ha caído del columpio en el colegio. La han traído en ambulancia y acaban de entrarla en observación.

–Pero… ¿por qué no me has llamado antes? ¿Cómo está? –me contesta Carmen.

–Discúlpame, estaba tan abrumado que no podía pensar en otra cosa más que en la niña. La encontré algo débil pero como había perdido sangre con la hemorragia prefieren tenerla en observación –le contesto.

–Vale, voy para allá ahora mismo –me dice Carmen.

–Estamos en Urgencias, me quedo en la sala de espera.

En un momento de relativa calma después de toda la agitación anterior inunda mi mente una y otra vez la cara de Lucía y el apretón de manos que me dio en el pasillo. Creo que jamás una acción sin palabras me había estremecido tanto. Cuando la parte lógica me invitaba a pensar en la empresa y la reunión que acababa de dejar, mi corazón se imponía en una conquista por ocupar mis pensamientos.

–Federico, ¿dónde está Lucía? –me pregunta Carmen, que acaba de llegar.

–Está en observación, lleva 20 minutos allí. Todavía no sé nada.

–Pero, ¿cómo ha sido? ¿Cómo la has visto? –insiste Carmen.

–No he preguntado, cuando llegué al colegio estaba entrando el equipo médico y no he podido hablar con los maestros. Estaba despierta, algo débil por la hemorragia pero despierta –le respondo.

–¿Has llamado a tu casa o a mi madre?

–No, solo te he llamado a ti –le contesto.

–Llama tú a tu casa y yo llamo a la mía –me dice.

En ese momento Carmen sale de la sala de espera para llamar a su madre e informar de lo ocurrido. Hago lo mismo con mi madre. Cuando estábamos ambos terminando la conversación, por los altavoces del hospital se escucha: «familiares de Lucía Sanz, acudan a la sala de consulta 3». En ese momento ambos despedimos súbitamente las llamadas y nos dirigimos inmediatamente a la sala. Allí nos espera uno de los médicos de guardia que ha atendido a Lucía.

–Buenos días, soy el doctor Merino. ¿Son ustedes los familiares de Lucía Sanz?

–Sí, somos sus padres –contestamos al unísono los dos.

–Bien, Lucía ha sufrido un traumatismo cerebral leve y ha perdido un poco de sangre. Se la han practicado siete puntos de sutura, pero debemos esperar 24 horas para ver cómo evoluciona. Van a subirla a la segunda planta, habitación 256 –nos informa el médico.

–Pero, doctor, ¿está bien? –le pregunta Carmen.

–En principio, si todo evoluciona correctamente, mañana estará en su casa. Durante unos días deberá estar en reposo y no hacer actividades que puedan conllevar riesgo para que la herida cicatrice bien. Ahora está muy tranquila, ya que le hemos puesto un calmante leve, para disminuirle el dolor. En cuanto llegue a la habitación pueden subir a verla. Aquí tienen los documentos para que les proporcionen los pases de visita. ¿Alguna pregunta más?

–Sí, doctor, ¿alguna medicación que tengamos que darle? –le pregunto.

–En principio, si todo evoluciona bien, solo le darían los dos primeros días un analgésico si continúa con dolor, pero si no, no haría falta –nos contesta el médico.

–Muchas gracias doctor –le respondemos Carmen y yo.

En ese momento, me dirijo a la secretaría para expedir los pases, mientras que Carmen se dispone a ir al coche a por una pequeña maleta que había preparado. La verdad es que Carmen es muy precavida y le gusta tenerlo todo controlado.

–Federico, ¿tienes los pases? –me pregunta Carmen.

–Sí, ya están aquí, vamos para arriba –le contesto.

Nos dirigimos a la habitación mientras esperamos a Lucía. Inmediatamente llega una camilla con un celador.

–Buenos días, aquí llega Lucía. ¿Son ustedes sus padres?

–Sí, somos sus padres –respondemos Carmen y yo.

–Bueno, Lucía, aquí te dejo con papá y mamá, verás que prontito te pones bien –le dice el celador.

–Muchas gracias –le respondo al señor, al tiempo que torno mi mirada hacia la protagonista del día, mi hija Lucía.

Con el deseo de achucharla solo me atrevo a darle un beso en la mejilla.

–¿Cómo estás, cariño? –le pregunta su madre.

–Me duele la cabeza... Me he caído, mami –le responde Lucía.

–Bueno, hija, verás cómo los señores que te han atendido, que son magos, te van a curar.

En ese momento nos encontramos en la habitación los tres. Carmen y yo a ambos lados de la cama sujetamos sus manos. Lucía aprieta fuertemente las nuestras y nos dirige la mirada a ambos. Nunca un momento de silencio había tenido tanto significado. Como si un ángel hubiese pasado, Carmen y yo nos miramos. Era una mirada especial. Desde los últimos meses, en los que las discusiones habían formado parte de nuestro día a día, no habíamos tenido una mirada compasiva. ¡Qué sensación tan especial! No sabría explicar el conjunto de emociones que recorrieron mi cuerpo en ese momento.

–Bueno, ¿qué os parece si me acerco al centro comercial a por una sorpresa? –les pregunto a ambas, para romper en parte ese momento de silencio al que no estaba acostumbrado.

–Síííííí, papi, ¡quiero una princesa, porfa! –me responde Lucía.

–Si eres tan amable, cuando regreses, me subes un café por favor –me pide Carmen.

–Claro, no te preocupes –le respondo.

2. El cajón desastre de mis emociones

Bajando las escaleras intento poner orden al cúmulo de emociones que he vivido en poco menos de dos horas. Son las 11.30 y me dirijo al centro comercial que está a unos minutos del hospital. Entro por una de las puertas y paso por la zona de perfumería. Mientras me dirijo a la sección de juguetería pienso que no me vendría mal ir bien perfumado, ya que todo este estrés me ha hecho sudar un poco. Así que, sin que se den cuenta los empleados, cojo uno de los probadores de perfumes y me pulverizo por el cuello y tórax. ¡No me digas que nunca lo has hecho! Eso sí, puedo deciros que el perfume era de los caros. Ya que te pones, lo haces bien.

Bueno, pues una vez perfumado me dirijo a las escaleras mecánicas y, como penitencia a mi acto, me encuentro con un agente comercial que me pregunta:

–¿Tiene usted tarjeta de compra?

–No –respondo.

–¿Quiere usted que le haga una ahora mismo? –me dice el comercial según sube conmigo por la escalera mecánica.

Estos son de los momentos en los que uno no sabe si soltarle una fresca al comercial para que introduzca la tarjeta que vende en otro lugar que no es el bolsillo o ser educados. Opto por la segunda opción y le contesto: «no gracias, no me interesa».

Mientras llego a la sección de juguetería me llama la atención el *modus operandi* de este personaje a la hora de comercializar las tarjetas de compra. A todo ser viviente que circulaba le dirigía las mismas preguntas: «¿tiene tarjeta de compra? ¿Le hago una?». A lo cual, los clientes educadamente le respondían: «no, pero no me interesa».

Esta voracidad comercial me hizo recordar mi labor profesional y cómo en ocasiones se nos olvida que los clientes y los empleados tenemos sentimientos. A veces una mirada dulce, una voz agradable, un oído que te escuche o una sonrisa pueden lograr más que mil y una palabras.

Mientras escogía la princesa que más ilusión le pudiera hacer a Lucía no dejaba de pensar en todo lo que me había ocurrido en una misma mañana y cómo la vida te puede dar la vuelta en apenas segundos, cambiando tu orden de prioridades. El apretón de manos de Lucía en el pasillo del colegio y en el hospital tenía un claro significado: Lucía nos necesitaba unidos. Por un momento mi visión combativa hacia Carmen se tornó en un cúmulo de recuerdos de momentos importantes: nuestros momentos de noviazgo, los viajes juntos, el día de la boda, el nacimiento de Lucía. La verdad es que no sé por qué habíamos llegado a este punto, donde la convivencia se había hecho casi irrespirable.

Y es que, como en todo conflicto, la semilla se inicia con un período de latencia donde mis emociones comienzan a revolucionarse. Algo pasa en mi interior que no me gusta. Quizá una mirada, una contestación, una interrupción o el cúmulo de todas ellas hacen que mi fiera interior se despierte. Cuando a estos detalles se le unen otros en el tiempo, mi fiera interior se hace más grande. Es el momento en que hace su aparición al mundo exterior de diversas formas. Unas intentando dar fogonazos y pistas a la otra persona de que no estoy bien. Semblante serio o malas contestaciones son algunas de mis acciones habituales. Y todo porque me cuesta identificar qué me ha molestado y hablarlo tranquilamente. Y, como se supone que uno nunca tiene la culpa, espero que mis fogonazos sin sentido y a veces a destiempo provoquen en la otra parte una dulce y cortés pregunta: «Federico, ¿te encuentras bien? ¿En qué te puedo ayudar? ¿He hecho algo que te haya ofendido?». Pero lo que me encuentro es un comportamiento similar al mío: malas caras, miradas desafiantes, etc. Dicen los que estudian neuropsicología que son las neuronas espejo, aquellas que tratan de imitar lo que hace el otro para entrar en sintonía. En este caso, ¡menuda sintonía!

Pues bien, aquí me encuentro en el centro comercial, con princesa en mano y esperando que me cobren en la caja, cuando alguien se dirige a mí:

—Por favor, caballero, ¿me atiende un momento?

Cuando giro mi rostro, me encuentro otra vez al agente comercial de las tarjetas de compras, que me pregunta:

—¿Tiene usted tarjeta de compra?

Una vez finalizada la pregunta, no os voy a contar lo que mi cuerpo me pedía hacer. Así que como me considero en ocasiones más evolucionado que el *Australopithecus,* le digo:

—Caballero, me lo preguntó antes en la escalera, y le respondí que no estaba interesado.

–Ah, muy bien, hasta luego –me responde el agente dirigiéndose hacia la próxima víctima.

Me parece increíble. Además de desagradable en las formas, tiene la misma memoria que un pez. ¡Anda que, como sigas así, vas a triunfar! En fin, seguro que hasta tiene suerte y encima encuentra alguna buena persona que se deja seducir.

Mientras estaba pagando la princesa para mi hija, una de las empleadas pasa por mi lado y embriaga mi espacio con el perfume que Carmen se solía poner de novios.

–Perdone señorita, si no es indiscreción, ¿qué perfume lleva? Me recuerda a mi época de novios y me gustaría tener un detalle con mi mujer –le digo.

–Claro que sí. Venga conmigo, caballero, le indico dónde puede encontrarlo –me comenta amablemente la señorita.

Así que con el ticket de la princesa en la mano acompaño a la dependienta, que me entrega el perfume que llevaba.

–Seguro que le hará ilusión a su mujer. Debe de estar usted muy enamorado –me dice la señorita.

–Eh... sí, sí, es una sorpresa –le respondo.

La verdad es que no sé qué me está pasando y por qué, sin saberlo, estoy haciendo estas cosas. Creo que he estado ocultando mis emociones mucho tiempo. Trabajo, trabajo y trabajo han sido mis tres prioridades en estos últimos años, justificándome a mí mismo que el plano material es la clave de la felicidad.

Bueno, pues saliendo del centro comercial, con princesa y perfume en mano, me dirijo al hospital, no sin antes subir el café que me encargó Carmen. Entro en la cafetería y en la máquina de *vending* introduzco las monedas y espero a que salga el café. En ese momento, ¿a que no te puedes imaginar quién entra por la puerta? Pues sí, el agente comercial otra vez. ¡Qué agobio de hombre, parece que me persigue! Como me llegue a preguntar si tengo tarjeta de compra, le tiro el café encima. Pero no, el señor fue a la barra a pedir su café y repasar sus documentos.

Subo a la segunda planta, abro la puerta y allí están Carmen y Lucía. Ambas tienen una mejor cara. Lucía, al verme con la bolsa, intenta levantarse, pero Carmen se lo impide, diciéndole: «tranquila Lucía, ahora te lo trae papá». Me acerco a ellas y a cada una le doy su regalo. Cuando se ven unos ojos de sorpresa en la cara de gente querida con motivo de un regalo inesperado es cuando una persona entiende que merece la pena seguir luchando en la vida. Un nuevo silencio que me permití recrear, fruto de estos detalles, solo se vio interrumpido por la alegría de Lucía expresando su felicidad por su nuevo juguete.

La mirada de Carmen había cambiado. Creo que no se atrevió a preguntarme el porqué, ya que hace unos minutos el mensaje de Lucía con su apretón de manos lo había dicho todo.

–Gracias, Federico –me dijo Carmen.

–No es nada –le respondo.

En aquel momento me acordé de la frase del primer astronauta al pisar la Luna: «es un pequeño paso para el hombre, pero un gran paso para la Humanidad». Después de comer, Lucía empezaba a estar como antes, deseando saltar de la cama para correr. Tras la comida, un nuevo paciente entraba en la habitación, lo cual redujo en gran parte la intimidad. No obstante, lo principal, la salud de Lucía, estaba en el buen camino.

Esa misma tarde, Carmen y yo conversamos de muchos temas: familias, trabajo, el cole de Lucía. Hacía mucho que no nos escuchábamos. Llegadas las 20.30 horas y tras la cena, el médico de guardia nos dice que van a darle el alta a Lucía, bajo nuestra supervisión. La mejor noticia en mucho tiempo.

Montamos a Lucía en el coche de Carmen y le pido que me lleve al colegio, donde dejé el coche por acompañar en la ambulancia a nuestra hija. «Nuestra hija», ¡qué bien suena!, ¿verdad? Quizá he pasado tanto tiempo pensando en mí mismo que casi se me había olvidado en pensar en nosotros. Llegados al coche, Carmen me dice:

–¿Quieres acompañarnos a casa?

–Eh, eh... Creo que es mejor que descanséis y mañana paso a veros. Para cualquier cosa estaré disponible –le respondo.

En mi mente, solo ronda un adjetivo: «¡cobarde, no te atreves a volver!». Quizá todo ha ido muy rápido y no he tenido tiempo de asimilar tantas emociones. Así que, tras mi respuesta, le doy un beso a Lucía y después de dos meses dándonos la mano para despedirnos, Carmen y yo nos damos un beso en la mejilla, acompañado de una mirada de complicidad.

Tras despedirme, me dirijo al piso de alquiler donde vivo desde hace dos meses. Me doy una ducha tranquilamente. Llamo al restaurante chino para cenar, algo que no hacía hace tiempo, y me dispongo a ver una película. En definitiva, me autorregalo tiempo de ocio para mí y me demuestro que hay algo más allá del trabajo.

Tras la película decido ver los correos para estar actualizado al día siguiente, cuando tenía una reunión pendiente. Entre los correos electrónicos de trabajo, importantes pero no urgentes, encuentro uno denominado «cuando yo no esté». Me lo envía mi buen amigo Luis, con el que he compartido mis frustraciones los últimos meses. Decido abrirlo, aunque habitualmente no suelo ver este tipo de correos. Una bonita música acompaña diapositivas que mencionan quién pensaría en mí cuando yo no estuviese. Los compañeros de trabajo en algo menos de una semana se habrían olvidado de mí y solo mi familia más cercana sería la que me recordaría por siempre. ¿Casualidad? No sé, el caso es que el día de hoy ha tenido múltiples e impactantes mensajes y soy consciente de que ahora me toca a mí poner cada uno en su lugar.

Son las 00.30 horas y me voy a la cama. Mañana comienza un nuevo día.

3. Nunca es tarde para empezar

Los primeros rayos de sol entran por mi ventana y me obligan a despertarme. Hacía mucho tiempo que no tenía la sensación de que hoy fuera domingo. Sin embargo, es miércoles. Desayuno, me visto y bajo al garaje para ir a trabajar. Recorro las calles viendo a la gente correr hacia sus trabajos en plena vorágine laboral. Pero, extrañamente, mi interior se encuentra en una paz que me permite ver escenas de las que en otro momento no me hubiese percatado. «¡Estoy viviendo el presente!», me digo a mí mismo. ¡Qué sensación tan especial! Llego al trabajo y saludo con tono pausado y agradable:

–Buenos días, Marcos.

«¿Buenos días, Marcos?», se preguntaría este empleado al que habitualmente llamo «señor Gutiérrez». Su cara lo decía todo: «¿qué mosca la habrá picado a este?».

Pues sí, tras saludar a todos, les indico que en media hora reanudamos la reunión que interrumpimos ayer. Son las 08.35 horas y todos nos encontramos sentados en la sala.

–Compañeros, buenos días –pronuncio con un tono de voz jovial.

De repente, los tres empleados dejan de mirar y ordenar los papeles que tienen en la mesa y elevan la mirada con cara de cierta sorpresa al escuchar un timbre de voz que rara vez habían escuchado.

–Hoy no vamos a hablar de facturas ni de informes. El orden del día de esta reunión se resume en una palabra: «nosotros».

A la anterior cara de sorpresa de los empleados se le añade un halo de escepticismo al no saber si el jefe se refiere al fin del nosotros o a otra cosa. En esta época de crisis económica se puede esperar cualquier decisión salomónica. Habían sido muchos años corrigiendo y exigiendo. En el registro de experiencias nunca se había escuchado el término «compañeros» y mucho menos el de «nosotros». En la mente de todos los empleados sobrevolaban ideas como el pago de la hipoteca, los niños, el crédito del coche... ¡Que Dios nos coja confesados!

—A ver, ¿cuánto tiempo lleváis trabajando aquí? —les pregunto con mirada calmada.

Los tres empleados respondieron con voz tenebrosa: ocho, cinco y seis años respectivamente.

—Bien, nunca os he dicho lo importante que habéis sido para esta empresa. A ver, Manuel, soy consciente de que, a pesar de tu actitud crítica y recelosa a todo lo nuevo, nos has aportado ver los puntos negativos que podemos encontrarnos. En definitiva, nos permites bajar al planeta Tierra. Marisa, sé que tus silencios de sumisión, si bien hacían aumentar mi autoestima al ver que tengo razón en todas mis decisiones, podrían aportar puntos de vista de los que no he sabido y permitido hacerte partícipe. Marcos, aunque sé que no eres el mejor administrativo del mundo, soy consciente de que tu voluntad de ayudar siempre suple con creces las carencias. Y por último, aquí estoy yo, lo que habitualmente llamaríamos un jefe autoritario e incansable cuyo único argumento es que mi dedicación a la empresa, superior a la de todos, hace que nadie pueda competir y que las críticas, que las habrá, se dirijan más hacia mis formas que hacía mi trabajo. Decía Steven Covey que primero hay que intentar comprender y que la otra persona se sienta comprendida para que luego te comprendan y te sientas comprendido. Pero qué difícil es esto, ¿verdad? Cuando veo un debate en televisión me doy cuenta de que el objetivo no es comprender ni acordar, sino no dejar hablar al contrario y permitir escuchar su postura. Quizá cuando dos personas tienen posiciones enfrentadas es mejor intentar entender los motivos que nos llevan a defender esas conductas, ya que podemos estar compartiendo las mismas necesidades pero con diferentes argumentos. Por ello, la razón de esta reunión es pediros disculpas porque quizá no he sabido escuchar vuestras necesidades, tratando de competir solo con vuestros puntos de vista, como si de una carrera de obstáculos se tratara. Así que, si os parece, compañeros, hoy vamos a finalizar la reunión y nos vamos a desayunar todos juntos. Invito yo —concluyo.

Las caras de Marisa, Manuel y Marcos son un poema. Marisa no puede contener la emoción y dos lágrimas inmensas recorren su cara. Marcos y Manuel, perplejos, no saben qué decir.

–¡Venga, vamos a por esos desayunos! –les digo.

Mientras bajamos en el ascensor, un mensaje llega al móvil: «Federico, soy Carmen. Lucía ha pasado buena noche. ¿Te apetece comer en casa hoy? A Lucía le haría ilusión y a mí… también».

Creo que hoy empieza un gran día para mí, ¡deséame suerte!

3

Cuando un puesto no es cuestión de valía profesional
María Langa Ramos

1. De profesión: curranta

Primera de mi promoción, primera de mi promoción, primera de mi promoción. ¿Cómo ha podido cambiar tanto mi vida?

Hasta hace dos años lo único que me hacía sentir feliz era mi trabajo. Sabía que era buena y disfrutaba enormemente con ello. Nunca he necesitado que nadie me diera una palmadita en la espalda, aunque a lo largo de mi vida no he parado de recibir halagos. Hoy no necesito escuchar que lo sigo haciendo bien. Yo misma me lo tengo que repetir diariamente en el momento en que pongo el pie en la empresa en la que trabajo.

Permíteme que me presente. Me llamo Raquel Martos, tengo 36 años y soy licenciada en Derecho. Trabajo en el departamento de Gestión Económica de una fábrica textil que tiene 127 empleados y que exporta a países como Inglaterra, Francia y Alemania.

Es martes y son las 07.30 de la mañana. Miro mi borroso reflejo en las puertas metálicas del ascensor. Recorro mi cuerpo de arriba abajo con los ojos, algo que me provoca un vértigo horroroso. Desde hace demasiado tiempo, la figura que observo la identifico con mi estado emocional. «¿Qué narices te está pasando, Raquel?», me pregunto.

Una vez más, pierdo la vista del espejo dirigiéndola hacia la derecha, donde aguardan los pacientes botones que me invitan a enfrentarme a la realidad diaria. Tengo que confesarte que, desde hace un tiempo, me cuesta mucho apretarlos por lo que ello significa.

Como si una serpiente recorriera mi cuerpo, vuelvo a sentir esa sensación de inestabilidad que me acompaña los últimos meses. Resignada, me dispongo a dar el primer paso. ¡Lo que me cuesta, créeme! De repente, entra al ascensor un técnico del departamento de Sistemas, de estos que surfean diariamente entre cables y ordenadores.

–Buenos días –me saluda con una mueca en los labios que no llega siquiera a ser sonrisa.

–Buenos días –le respondo con cara de desidia, lo que le impone a no iniciar conversación alguna conmigo.

Tras este típico momento donde la siguiente conversación sería la situación meteorológica, el señor alza decidido su mano derecha apretando el botón. «¡Uff, comienza el día!», me digo a mí misma.

Cualquiera hasta aquí podría entender que parezco una persona bastante insegura, sin ningún tipo de iniciativa ni motivación. No es así, solo se trata de un estado de ánimo temporal, o eso por lo menos es lo que me empeño en creer. Si no fuera así, me hubiera rendido hace tiempo y me hubiese marchado a otra multinacional. Eso sí, sería del sector industrial, donde todo se llama por su nombre y las personas utilizan el mismo vocabulario que el que puedes utilizar cuando sales de currar. Vamos, un lenguaje sencillo y cristalino, con pocos anglicismos y con pocas dobles lecturas para los problemas. Bueno, esto es lo que pensaba, hasta que alguien me hizo ver que no puedes ser tan confiada.

Con los años vas aprendiendo a sobrevivir y a valorar los consejos de nuestros mayores, aunque a veces no los compartas. Como decía Voltaire, «el que revela el secreto de otros pasa por traidor; pero el que revela el secreto propio pasa por imbécil». Siempre me he comportado negando justamente las dos máximas de esta frase.

2. Cuando empezar la jornada se transforma en una dura cuesta

Si recuerdas, me encontraba en el ascensor con aquel compañero del departamento de Sistemas. Afortunadamente él se queda en la primera planta, con lo que apenas nos da tiempo a hablar. Nos despedimos y subo en el ascensor dos pisos más. ¿Sabes?, he empezado a cogerlo desde el mismo momento que me empezó a costar venir a trabajar. Tengo 36 años y la verdad es que subir escaleras ha sido prácticamente el único ejercicio que he hecho en los últimos cinco. Ya sabes, el trabajo, los niños, la casa, etc. Vamos, que te vuelves un poco vaga hasta para quedar una tarde al mes con tus amigas.

Hablando de amigos, para que sepas un poco más de mí, te diré que en cuanto a este tema siempre he sido una persona bastante temporal a la vez que pasional. Me explico: en mis años de colegio tuve muchos mejores amigos de los que no me separaba un momento. Daba todo por ellos y pensaba estar a su lado el resto de mi vida. Ahora no sé nada de ellos. En el instituto, donde ya no eran los mismos que los anteriores, también hubiese dado la vida por todos ellos. En la graduación, volví a jurarme no separarme. En la universidad fui la primera de mi promoción. En este momento, la amistad en general empezó a pasar a un segundo plano. Tenía mucho que estudiar como para comprometerme con alguien. Terminé un año antes la carrera y trabajé como becaria en un par de bufetes de renombre mientras estudiaba además el máster de Derecho Laboral en una de las más prestigiosas escuelas de negocio del país. En estos trabajos también hice muchos amigos temporales cuya relación finalizaba en el momento en que una mejora profesional llegaba para mí.

No me he sentido en ningún momento sola o vacía. Siempre que me ha apetecido tomarme una caña he tenido gente encantada de hacerlo conmigo. A veces no sé si porque siempre he sido considerada una persona inteligente y divertida o porque ellos se encontraban en la misma situación que yo.

Lo importante para mí siempre ha sido el trabajo. Soy consciente de que son opciones personales y quizá puedas pensar «¡qué triste!».

Sin embargo, tengo la convicción de que se trata única y exclusivamente de una escala de valores en tu vida. Para que te hagas una idea, me puedo llegar a sentir más orgullosa de haber rebajado el gasto en personal de la empresa en 200.000 euros en un año, con un proyecto estrella de la compañía ideado por mí, que cuando mi primer hijo dijo por primera vez –y no le resto valor– «mamá». ¿Triste? Hasta ahora siempre he pensado que no.

En este momento se abre la puerta del ascensor. Voy a mi despacho. Es temprano. En las oficinas no hay nadie, ya que el turno de mañana ha comenzado a trabajar a las 06.00. Comienzo a escuchar el inconfundible sonido de las máquinas.

–¡Buenos días, Raquel! –me saluda mi compañero Ramón, responsable de mantenimiento, con cara de felicidad, algo que me revuelve un poco el estómago.

–¿Qué hay, Ramón? –le respondo.

Ramón es un hombre de unos 45 años con el que solía arreglar el mundo y la empresa cada día de 07.00 a 07.30 de la mañana. Ahora, «¡ya no hay nada que arreglar!», me digo a mí misma.

–Iba a tomar un café. ¿Te apuntas o me vas a decir que no como en los últimos tres meses? –me pregunta mirándome con ojos como platos.

–Pffffff... Tengo mucho trabajo, lo siento –le contesto cabizbaja.

–Bueno, como tú veas, ya sabes dónde estoy –me responde Ramón.

3. La sencillez y los negocios no son buenos amigos

Hace dos años hubo una promoción para la dirección de Cuentas en mi empresa, en la que la única posible y la mejor opción era yo. Ahora el puesto está cubierto por Enrique de Pastrana, un laboralista del sector de automoción. No voy a negar que se podría tratar también de un perfil óptimo.

No sé si el problema de encontrarme en esta situación tan derrotista a nivel emocional ha sido la educación que he recibido. Lo cierto es que nunca me había encontrado tan cómoda y tan valorada. O quizá la causa tendría que buscarla en que justamente aquellos que consideraba mis amigos, temporales pero de manera pasional, fueron los que interrumpieron mi ascenso.

Y hoy tengo uno de esos días profundos, en los que, de camino a la fábrica, me ha dado por pensar en estos temas. Recuerdo cuando, con 18 años, en primero de carrera, solo aprobé una asignatura. ¿La consecuencia? Dos semanas de castigo sin salir. Quizá en aquellos tiempos, cuando todavía no se había formado mi personalidad, fue cuando entendí la prioridad que tenían las obligaciones. Quizá es por esto por lo que disfruto más haciendo presupuestos que jugando con mis dos hijos en el parque. Ahora que lo digo, quizá sí sea un poco triste esta situación.

No llevo dos años deprimida. Soy una luchadora y siempre he tenido la esperanza de que las cosas cambien. Lo que me sorprende enormemente es que el rechazo de mi candidatura a aquel puesto haya minado mis ansias de desarrollo. En cualquier otro momento me hubiese buscado la vida en otra parte. No te he contado, pero otra de mis virtudes es que me adapto muy bien y hasta disfruto con el cambio. Ahora no, lo achaco a que me he vuelto vaga, a que sigo esperando que el resto del mundo se comporte como yo creo que debe hacerlo. Pienso que las cosas caerán por su propio peso y volverá esa estabilidad mental que ahora tanto echo de menos.

Ya he reconocido que mi madre y Voltaire me decían que en esta vida para fiarse de alguien debes conocerle muy bien, pero que muy bien. Yo, sin embargo, he sido siempre de la opinión contraria. Me he fiado de todo el mundo aun cuando me han demostrado lo contrario.

    –¡Hola Raquel! ¿Qué tal te va? –me pregunta Sara, una operaria de las líneas de planchado de la empresa, tiene cuatro hijos (tres niñas y un niño).

Esta pregunta, obviamente no sé si retórica, no me deja contestarle: «¡pues bastante mal, esto es una porquería!». El caso es que, antes de responder, Sara continúa hablando:

–¿Me has podido mirar la nueva normativa de becas para el colegio de mis hijos?

–Sí, aquí la tienes. Por cierto, ¿qué tal tu marido? ¿Se ha recuperado ya de la operación de tobillo? –le pregunto, ya que su esposo tuvo un accidente de coche hace dos semanas.

–Sí, sí, todo genial, Raquel. A ver si le dan pronto el alta y vuelve al trabajo, porque me tiene loca. Cuando llego a casa le empieza a doler todo. Chica, ya sabes cómo son los hombres. Si tuvieran que dar a luz a los hijos, la especie se extinguiría –responde soltando una carcajada.

–Oye, ¿y tus peques? –me pregunta Sara.

–Muy bien, ya sabes, dando guerra. ¿Qué te voy a contar a ti, que vas por el cuarto? –le respondo sonriéndole.

–Bueno, Raquel, muchas gracias por lo de los papeles del colegio –me dice Sara.

–De nada, mujer, para eso estamos –le contesto.

Este tipo de diálogo fue el que frenó mi camino a la alta dirección. Demasiado llano, demasiado simple, demasiados datos personales. La cuestión no es tanto la información que maneje sobre mis compañeros, sino la que ellos manejan de mí. Por lo visto, no cumplir escrupulosamente con la Ley de Protección de Datos, hasta para lo que concierne a tu vida, está mal visto en determinados puestos. Se podría decir que no es nada profesional.

4. Descubriendo las máscaras de mis compañeros

Hoy tenemos reunión de dirección. No sé por qué, pero creo que me voy a divertir. Vienen a buscarme Javier, el director de Logística; Marcos, el de Ingeniería, y Rodrigo, el de Sistemas Integrados; es decir, mis tres *grandes amigos* o, mejor dicho, *chupópteros*. Los dos últimos entran en mi despacho mientras que Javier, el director de Logística, se queda apoyado en el marco de la puerta.

–Chicos, ¿os he dicho que Raquel es una *crack?* –dice sonriendo Marcos.

En ese momento levanto mi mirada de la mesa para seguir su discurso.

–Teníamos una inversión de 50.000 euros para comprar las máquinas de lavado y, como necesitábamos tres tíos de la propia empresa que las fabrica para ponerlas en funcionamiento, nos ha negociado la cesión con la que hemos ahorrado 5.000 euros –continúa Marcos, orgulloso.

–¡Te deberían ingresar un porcentaje de todo lo que ahorras a esta empresa en tu nómina todos los meses! –apunta Rodrigo, considerado el mayor pelota de Organización, director de Sistemas de Gestión en menos de un año desde su incorporación como técnico de prevención de riesgos laborales.

–¡Es mi trabajo! –les contesto, sin dar una explicación ni entrar en ningún tipo de comentario irónico.

Mientras caminamos hacia la sala de reuniones, por el pasillo, voy escuchando comentarios varios con el lenguaje típico que puedes encontrarte en una taberna ruda irlandesa. A cada paso que doy me pregunto una y otra vez: «¿pero cómo pueden seguir conmigo como si no pasara nada?». Ellos no saben que me enteré de la respuesta que dieron cuando se les preguntó por mi capacitación para el nuevo puesto de dirección, que ya estaba decidido. Respondieron al unísono que me faltaba algo de profesionalidad para moverme por esas esferas, que era más de campo de batalla, que mi preocupación por las personas era excesiva y demasiado cercana. Por un lado, pienso que quizá no tengan la culpa, que incluso pensarían que me estaban haciendo un favor. Pero por otro lado, pienso que si destacas ofendes y que situarme en puestos directivos haría evidenciar su ineptitud. Lo que sí tengo claro es que mi cólera interna crece día a día y hoy siento que voy a estallar, que ya no puedo más.

Empieza la reunión. Se ha unido la directora de Marketing, Marta, y el de Mercados Internacionales, Michael, profesionalmente fríos, como se ha de ser en los negocios, ¿no? El orden del día es la revisión de presupuestos y de inversiones realizadas hasta el mes de abril para cerrar el año fiscal.

–Compañeros, tenemos que mandar el informe financiero esta semana –dice mi amigo Javier.

–Os mandé el resumen de todo ello ayer –le respondo sin levantar mi vista del papel.

–Por mi parte está perfecto, como siempre, Raquel –contesta Marta con su tono de seriedad habitual–. ¡Las cosas serían diferentes si gestionaras también los temas de la central!

–¡Hombre, Enrique lo está haciendo muy bien! –trato de quitarle importancia al halago; nunca he sido muy buena, como os decía, para recibirlos

–Como digo yo, ¡eres una *crack,* Raquel! –exclama Rodrigo. Su obsesión por la palabra *crack*, me molesta un montón.

El caso es que la ronda de elogios continúa y dejo de escuchar. Pongo mi piloto automático. ¡Ya no puedo más! Me repito una y otra vez: «piensa en otra cosa, Raquel, piensa en otra cosa… No montes una discusión en una reunión, no la líes, no la líes».

–¡Ya te digo! –prosigue Marcos–. Además nos envió el informe a las 02.30 de la madrugada. Ojalá hubiera más profesionales como tú, Raquel.

Levanto la vista del papel y durante los tres primeros segundos veo todo blanco, blanquísimo, ya que, en mi proceso de evasión de la cantidad de falsedades con las que se les estaba llenando la boca a dos de mis tres amigos, creo que me había llegado a mimetizar con el folio que tenía delante de mí. Sería uno de los mejores casos que Selligman podría encontrar para un estudio de indefensión aprendida. ¡No lo resisto más! Y sucumbo al poder de la situación.

–Bueno –sonrío irónicamente mirando a Marta–, creo que ellos podrían explicarte la razón de no estar actualmente llevando los temas de la central.

Se produce un silencio absoluto. La cara de Marta y Michael en forma de interrogación incómoda. Las caras de mis tres amigos, sin comentarios. Lo que sí reconozco es que no se trata de rostros de desconocimiento.

–He estado dos años en silencio, dos años haciendo favores, dos años riendo sus bromas, dos años que acaban de concluir –les detallo con una sensación de libertad que hacía tiempo que no sentía.

Esta situación que yo misma he provocado y de la que yo soy la única responsable va en contra de todo lo que he aprendido, tanto de la estricta educación que he recibido como de los 16 años de experiencia profesional.

–¿Cómo? –pregunta Michael con su acento americano profundo.

No sé si en estos momentos se ha enterado del desarrollo de la conversación o si, por el contrario, su castellano de nivel medio-bajo, bajísimo en comprensión, está interpretando que el presupuesto está perfecto y que en la central nos van a felicitar.

Se vuelve a hacer el silencio. Debo reconocerte que nunca he sido buena para el manejo de silencios, en contra de lo que de mi puesto se puede esperar. Sin embargo, nunca por ello me ha ido mal. En esta ocasión, después de mi frase estelar, decido permanecer callada. Pienso que he dicho todo lo que tenía que decir. Quizá no en el foro adecuado, pero sé que me han entendido y, lo mejor de todo, ¡me siento tan, tan, bien! No me importan las consecuencias.

–Bueno Raquel –continúa Michael–, ¿podemos dar por finalizada la reunión? ¿Mandas el informe a financiero? Ahora te mandaré un correo electrónico para modificar un par de cosas del presupuesto del año que viene. Hay que subir los gastos de publicidad en las firmas que el verano pasado batieron récords históricos en venta de vestidos y pantalones de lino de caballero.

En ese momento le asiento con la cabeza y continúa.

–Perfecto entonces, quedo a la espera. Cuando me den su *feedback* os informo.

¡Qué sensación tan agradable! No sé si mañana o esta noche me encontraré con una notificación que cambie mi vida por completo, algo que no me importa ni lo más mínimo. Tampoco sé si la que entregará una notificación seré yo.

Soy consciente de que si te calientas en una reunión, pierdes. Guardar la forma es clave y quizá mi tono fue demasiado contundente. Sencillamente era fruto de la carga emocional que durante años había estado guardando. Pero también reconozco que ha sido un golpe de autoridad y que ha sorprendido a todos, incluida a mí misma.

El gran cambio ha comenzado ya. A partir de hoy no esperaré tanto tiempo a expresar lo que me incomode. Tampoco a esperar que las cosas sucedan. Me viene a la memoria aquella frase de Antoine de Saint-Exupery: «el mundo entero se aparta cuando ve pasar a un hombre que sabe adónde va».

Son las 18.00 horas y me voy a disfrutar de mis hijos, a reprogramarme mentalmente para saber apreciarlos, por lo menos de la misma forma que disfrutaba con mi trabajo. También me prometo a mí misma llegar mañana a trabajar y subir andando por la escalera, tomarme un café con Ramón arreglando el mundo y, sobre todo, ¡no esperar que el mundo se adapte a mí, sino adaptarme yo a él pero no dejando que mis amigos me hagan sentir a merced de ellos, más aún cuando me han hecho comprender que no lo son!

Esta noche dormiré a gusto. El problema ha quedado zanjado para mí, aunque ellos no me hayan dado ningún tipo de explicación. Quién sabe, a lo mejor me están escribiendo un correo electrónico ahora mismo explicándome que lo hicieron por lo que temían perder aquí o porque tenían miedo de que otra persona que no fuera yo ocupara mi puesto. Prometo repetirme diariamente que, a día de hoy, sigo siendo la primera de mi promoción.

4

Terceras personas
Juana María Gutiérrez Caballero
y Alberto Blázquez Manzano

1. En el punto de mira

El tres, ¡qué interesante número!, ¿verdad? Algunos dicen que es un número mágico y religioso. Otros simplemente que no hay dos sin tres. Lo cierto es que parece estar de moda que las empresas reduzcan su nombre a tres siglas. Todo es tres, todo es tres. Por cierto, que no te lo he dicho, me llamo M.C.D. Para los amigos sería María del Carmen Díaz.

Recuerdo de mi infancia que me encantaba jugar con mi amiga Lorena. Éramos superamigas y jugábamos como si no existiera nadie más. Todo era mágico, hasta que venía Paula, la tercera en discordia. En ese momento, Lorena se inclinaba por jugar con Paula y yo me quedaba algo desplazada... o mucho, según se mire. Vamos, que si no hay dos sin tres, también hay dos contra una. ¡Qué rabia me daba!

El caso es que aquí me tenéis con 43 años. ¡Madre mía, en plena crisis de los 40! Trabajo de interina como maestra de Educación Infantil en un colegio de Bilbao. Imagínate las veces que veo los tríos y grupitos de niños.

Te preguntarás por qué esta obsesión mía por el tres. Pues te la voy a contar.

Hace dos años me encontraba a las 11.00 horas desayunando en la cafetería del colegio con mis dos compañeras, Marisa y Maribel, profesoras de Matemáticas. Sí, se podría decir que éramos las tres Marías. Y fue de estas veces que tras hablar del tiempo y las vacaciones se hace el silencio. Se trata de ese instante incómodo donde tratas de escanear tu mente intentando sacar un tema que llene ese silencio. Y claro, qué mejor que hablar de otra compañera o del jefe. Así que, con tono picaruelo, Marisa pregunta:

—Oye, ¿qué me decís de Sofía, la de Matemáticas? ¿Os habéis fijado cómo va últimamente? ¡Ni que estuviese desfilando en la Pasarela Cibeles!

En ese momento Maribel responde:

—Dicen que está saliendo con el inspector de Educación. La verdad es que los modelitos que trae lo único que persiguen es provocar miradas. ¡Qué valor tiene! Seguro que algún beneficio sacará de la relación.

Atónita con lo que estaba escuchando, y conociendo a Sofía desde hacía años, no me atreví a contradecir la conversación y guardé silencio mientras escuchaba la cantidad de inventos que el ser humano puede generar con el objetivo de dañar la imagen de otra persona. Sabía que era fruto de la envidia, ya que Sofía tiene una forma de ser y de vestir muy elegante, algo difícil de superar por ellas. Así que me quedé callada.

Durante las siguientes horas tras la conversación me sentí un poco mal, porque era consciente de que quien calla otorga. Por tanto, sencillamente había sido cómplice de este mensaje dañino dirigido a mi amiga Sofía. Pero, por otro lado, me aterraba pensar que otro día la tercera en discordia fuese yo. Las que conocemos a Marisa y Maribel sabemos que son muy tóxicas y que les encanta generar rumores. Y como sabes, ¡habla mal, que algo queda!

Mi mente me estuvo martilleando a cada momento. Me dediqué adjetivos como cobarde o mala amiga, los cuales no daban espacio a más pensamientos en mi cabeza. Más si cabe cuando recordé que Sofía, tras el fallecimiento de mi padre, fue la primera persona en llamarme y ofrecerme ayuda. ¡Qué mal me sentía! Recreaba una y otra vez el momento y las frases injuriosas que lanzaron. Trataba de entender por qué actué así y no tuve valor de intervenir.

Fue entonces cuando recordé algunos apuntes que nos dieron en la carrera sobre los grupos. Nos decían que el sentimiento de pertenencia a un grupo conlleva modificar nuestra conducta.

Los motivos suelen centrarse principalmente en la necesidad de aprobación social. Por ello a veces actuamos de forma diferente dependiendo del grupo en el que nos encontremos. Es como si fuéramos camaleones en la práctica.

De hecho, compartir tantos desayunos con ellas me ha hecho descuidarme un poco en mi vestimenta, mucho más informal, igual que ellas. Recuerdo que cuando entré a trabajar me retocaba incluso entre clase y clase. Ahora, pantalón vaquero, blusa y lista. Es como si quisiera mimetizarme con ellas en una especie de norma tácita en el grupo.

2. Lo que esconde el lado oscuro

Ahora se me planteaba un nuevo dilema: decirle a Sofía lo que estaban hablando de ella o no. Era consciente de que desvelar las infamias de las que estaban hablando podría volverse en mi contra, ya que cuando alguien pertenece a un grupo y te desvela intimidades significa un acto de confianza. ¡Me encontraba entre la espada y la pared! Marisa y Maribel son dos radares de información y gracias a ellas logro enterarme de muchas cosas. Pero todo tiene un precio y este había sido permanecer callada ante el rumor creado contra mi amiga Sofía. De hecho, debo confesarte que llegué a pensar que Sofía estaba saliendo con el inspector y que no me había contado nada. Así que estaba en una discoteca de emociones donde la incertidumbre campaba a sus anchas.

Intentaba entender lo ocurrido como si de un contagio se tratase. Era consciente de que escuchar esos mensajes había logrado infectar mi mente, hasta el punto de irse expandiendo y de ir relacionando otras situaciones vividas que corroborasen estos comentarios malintencionados. Recordé que una vez Sofía no me contó nada sobre otro trabajo que le había salido y, por qué no, este acto de traición a una amiga se podría repetir.

¿Qué cara le pondría a Sofía cuando me saludara? Sería una situación de lo más incómoda para mí. Así que decidí evitar encontrármela hasta que asimilara lo que había pasado.

Lo cierto es que a veces me he planteado alejarme de Marisa y Maribel porque últimamente las conversaciones son como un juego de dardos. Sencillamente colocamos a alguien en la diana y a lanzar. Sin embargo, no he sido capaz. Probablemente se trate del miedo a que la próxima diana sea yo, ya que conocen parte de mi vida interior y no sería de mi agrado que se pusiera un acento donde no es, provocando algún rumor que no deseo.

Creo que me sentí como rehén de mis propios actos y el miedo me había paralizado.

Eran las 14.00 horas y sonaba el timbre del final de la clase. Despedí a mis alumnos y recogí el material. Mientras paseaba camino a casa por el pasillo del colegio, dos compañeros de inglés con los que solo comparto el «buenos días», «hola» y «adiós» iban comentando algo en tono bajo.

Habitualmente no me suelo interesar más allá de lo que ocurre en mi vida, pero de repente escuché el nombre de Marisa de Matemáticas. En ese momento, como si de una alarma se tratará, agudicé mi oído y acompañé el paso de mis dos compañeros. Saqué mi móvil y traté de disimular que estaba viendo los mensajes.

   —Bueno, pues pronto tendremos nueva compañera con plaza, ¿no? Es Sofía y esta mañana acaban de publicar las calificaciones finales en Internet —comentaba uno de los profesores.

–Pues sí, la verdad es que me alegro porque la chica es simpática y guapa y últimamente viene como una modelo. ¡Por lo menos nos alegraremos la vista! –responde el otro.

–Me imagino que Marisa tiene que estar que muerde. Dos décimas le han separado de la plaza, después de haber sacado más nota que ella en el examen.

De repente todo empezó a tener sentido. Como si de un antídoto se tratase, esta información empezaba a poner orden a la incertidumbre en la que estaba sumida. Empecé a entender que contrastar la información es la mejor medicina. A las personas nos mueven unas necesidades, lo que permite que pensemos cómo satisfacerlas y finalmente se traduzcan en un comportamiento. Marisa debería estar sumamente enfadada por no haber logrado la plaza y la mejor forma que entendió para liberar ese enfado era desprestigiar a la compañera que la había obtenido. Si encendía el rumor de que mantenía una relación con el inspector de Educación podría llevar a pensar que la obtención de su plaza no había tenido las condiciones de objetividad apropiadas. ¡Ya me entiendes!

En el momento del desayuno carecía de esta información para contrarrestar el comentario, aunque, si te soy sincera, no sé si me hubiera atrevido o hubiera sabido manejarlo. Lo que sí me había quedado claro es que ¡por la boca muere el pez! Y que a partir de este momento, mis intimidades quedarían en un tercer plano en las conversaciones con ellas.

Por otro lado, un sentimiento de rabia conmigo misma me inundaba. ¡Había desconfiado de Sofía! Ella no podía decirme nada, ya que las listas de la convocatoria acaban de publicarse, y durante toda la mañana intenté evitarla. Si antes me sentía mal, ahora me sentía peor.

Llegué a casa y me calenté un puré de zanahorias que tenía congelado. Encendí la televisión y, para intentar olvidar lo sucedido, puse un programa de tertulia, mejor dicho, de discusiones. Sin prestar atención al contenido me daba cuenta de con qué vehemencia se hablaba de terceras personas y cómo una noticia se alimentaba de otros hechos que se interpretaban en coherencia con la noticia. Se trataba de un juicio social paralelo donde prevalece la culpabilidad del protagonista de la noticia y donde la inocencia debe ganarse a pulso.

Me permití observar que nadie estaba exento de esta dinámica en la que no se permite desarrollar una argumentación sin que alguien te lo impida con otro argumento contrapuesto. Incluso los que dan la información parecen ser víctimas y verdugos en un abrir y cerrar de ojos. ¡Qué curiosa dinámica! No me había parado a examinarla hasta ahora. Es como si se tratara de una gripe donde el tratamiento del antibiótico no llegara a su fin y por tanto el virus mutara, haciéndose más nocivo.

Estaba claro que la mejor medicina es la información veraz y transparente.

3. Apagando el fuego del rumor

Era evidente que necesitaba hacer algo por mi amiga y por mí. Ya me había quedado claro que en las relaciones humanas el número tres se puede entender como dos contra una. En este caso, el número uno había sido yo. Así que recordé los documentales de animales en los que un miembro nuevo entra en la manada y recibe toda la atención. Por tanto, este nuevo integrante ayuda en parte a reducir la posible hostilidad que se haya producido en el seno de dicho grupo. También tenía muy claro que un rumor es como un incendio y que una intervención inicial es clave para apagarlo.

La primera cuestión que se me planteaba era: ¿quién me podría ayudar a apagar este incendio? La segunda: ¿qué motivo tendría para volver a reunirnos?

Me acordé de que mi cumpleaños estaba próximo y qué mejor excusa que hacer una celebración entre amigas, fuera del entorno de trabajo o de propagación del rumor. Por otro lado, era el motivo ideal para invitar a dos amigas: Lali, una buena amiga de Marisa a la que también le va la marcha en cuestión de rumores, y Rosa, otra amiga mía y de Sofía. Seríamos cinco, un número reducido pero suficientemente amplio para diluir posibles comentarios dañinos.

Así que, terminando de comer, decidí enviarles un mensaje en el que decía: «chicas, aunque mi cumple es la semana que viene, me apetece celebrar mi cumpleaños esta tarde. Cafetería Los Ángeles a las 17.30 horas».

A los quince minutos tenía la confirmación de todas, menos de Rosa. «Uff, la situación no será fácil», me dije. Mi mejor aliada en esta cruzada no podía. Al menos éramos cuatro, pero tenía la sensación de ser un trozo de carne entre fieras.

Así que me cambié de ropa, me miré al espejo y me recordé una y otra vez: «¡Sofía no se merece esto!».

Eran las 17.45 horas y estábamos las cuatro en la cafetería.

—Mari Carmen, ¿cómo es que has querido festejar el cumpleaños hoy? —me pregunta Marisa.

—Pues nada, que tenía la tarde libre y es mejor celebrarlo varias veces —le contesto.

—Pues sí, me parece genial. Las alegrías, cuantas más, mejor —me responde Marisa.

En ese momento el camarero nos trae unos cafés y unas pastas. Todo *light* y con sacarina, por supuesto. Sabía que mi momento estelar estaba a punto de llegar. Dicen los psicólogos que lo primero y lo último es lo que mejor se queda, así que cuando hay que dar malas noticias o enfrentar momentos tensos, mejor hacerlo en el medio de la conversación. «Allá voy», me dije.

—Oye, ¿sabéis que ya han salido publicadas las listas definitivas de las oposiciones? —les pregunto abiertamente.

—Sí, ha conseguido plaza Sofía, la de Matemáticas —responde Lali, que no estuvo en la conversación de la mañana.

En ese momento se hizo un silencio. Marisa y Maribel se miraron. Parecía como si quisieran eludir el tema. Fue entonces cuando comencé a sentirme fuerte, dominadora de la situación. «¡Es la hora de dar la estocada!», me repito.

–Oye Marisa, ¿cómo has quedado tú? –le pregunto de forma directa.

–La segunda –me responde.

–¡Qué pena!, ¿no?

–Pues sí –me dice cabizbaja.

–La verdad es que las dos os lo merecíais. Sé que habéis estudiado un montón. De hecho Sofía ha estado llevando la enfermedad de su padre en silencio y estudiando.

–¿Cómo? –responden Marisa, Maribel y Lali, al unísono.

–Sí, le detectaron Parkinson y necesita ayuda para hacer las tareas cotidianas. Por eso no ha salido apenas nada. De hecho, tocó fondo hace unos meses y se prometió salir adelante. Por eso la habéis visto más cambiada. Les respondo.

Se hizo un silencio sepulcral. Las caras de las tres eran un poema. Marisa y Maribel se miraron y bajaron su mirada. Dominadora de la situación y de la enorme lección que estaba recibiendo, decidí alargar estos segundos de silencio. Conté hasta tres y recordé la cara de Sofía, al tiempo que me decía: «¡va por ti, amiga!».

–¡Tiene mérito entonces! –dijo Lali, ajena a lo que las otras dos estaban vivenciando.

–Pues sí, mucho mérito. En esa situación no sé cómo hubiera reaccionado yo –le respondo.

El mensaje había calado. La mirada reptiliana de Marisa y Maribel se tornó la de un koala deseoso de subirse al árbol. Era consciente de que tocaba desviar la atención para que el antídoto informativo que había vertido surtiera su efecto.

–Cambiando de tema, ¿habéis visto estas fotos de las diez famosas más glamurosas? Para mí que son retocadas –les digo enseñándoles el móvil.

–Sí, han hecho una comparativa en varias revistas y les han quitado diez años de encima a golpe de Photoshop –me responde Lali–. ¿Visteis el programa de debate de ayer? Hablaban de esto precisamente.

–Nooo, decimos las tres al unísono.

¡Objetivo conseguido!, me dije a mí misma. Tocaba que Lali tomase el relevo y que liderase la conversación durante el tiempo restante. Creo que el antídoto había dado sus frutos. ¡Qué sensación tan agradable de poder! Cuando vas con la verdad por delante y apagas un incendio intencionado te ves como una heroína doble.

No sé si Marisa y Maribel habrán aprendido la lección. Probablemente no entiendan que desprestigiar constantemente a la gente no es más que el deseo de atesorar lo ajeno, sin darse cuenta de lo que ellas mismas tienen. Debe de ser muy triste no poder alegrarse de la felicidad ajena.

Al menos esta batalla está ganada. La guerra será otra cuestión. Habrá que seguir en alerta.

Aprendí que, afortunadamente, la cantidad de información que circula en nuestra vida es inmensa y se tiende al olvido. Así que si hoy te toca estar en el candelero mañana probablemente le toque a otra. Por eso el virus del miedo y la incertidumbre es de duración limitada. ¡El tiempo lo cura todo!

Aquel día sentó huella en mi vida. Al día siguiente en el desayuno invité a Sofía al grupo. ¡Se acabaron los tres! Poco a poco fuimos introduciendo a personas nuevas que permitieron que me separara de estas amigas nocivas y que eligiese otras personas más sanas.

Una vez leí una frase anónima que decía: «las mentes brillantes manejan ideas, las mentes corrientes hablan de actualidades, pero las mentes mediocres hablan de los demás».

5

Tocando fondo: en busca de mi identidad perdida

Javier Zamora Saborit

1. Ese maldito ruido

Otra mañana más. De nuevo ese maldito ruido se ha metido dentro de mi cabeza y no puedo hacer nada. Es el mismo ruido que escucho desde que hace más de cuatro años entré a trabajar en el departamento de Comunicación de esta maldita multinacional. Estoy tenso, nervioso, no puedo concentrarme en el trabajo, miro hacia los lados, veo a mis compañeros que siguen trabajando e intento acabar el informe de ayer para antes de las 10.00. Pero no puedo avanzar, estoy bloqueado por culpa de ese maldito ruido.

La política de la empresa no deja escuchar música. Según los jefes distrae, pero a mí me ayuda a escapar del ruido. ¡No puedo más! Son las 9.15 horas y, como suelo hacer cada día, me levanto de mi silla para ir al baño y aislarme. Necesito concentrarme al menos cinco minutos para acabar el dichoso informe. Para llegar hasta el baño tengo que cruzar casi toda la oficina. Mientras observo las miradas indiscretas de mis compañeros clavándose en mi cara, escucho entre susurros cómo critican mi actitud.

–Siempre igual ¿eh, Diego? ¡Cómo te escaqueas de trabajar!

Ese es Nacho, uno de mis compañeros de trabajo. No puedo decir que es mi amigo, porque desde que entré en la empresa no he hecho demasiadas amistades y las que tenía las fui perdiendo por culpa del trabajo. Lo último que tengo en mente cuando llega el fin de semana es quedar con gente del trabajo. No podría aguantarlo y acabaría explotando.

–¿Por qué me juzgáis? –les contesto–. Son solo cinco minutos que necesito de margen. La mayoría de vosotros os levantáis tres o cuatro veces a fumar durante todo el día, lo que supone quince o 20 minutos, así que no me juzguéis.

Ya me he puesto nervioso. Cruzo rápido el pasillo, entro al baño, cierro de un portazo y durante cinco minutos dejo de escuchar ese ruido que me está haciendo la vida imposible. Me mojo la cara pero no me tranquilizo. No suele pasarme. Normalmente me refresco y estoy como nuevo, pero ahora la cara me arde y noto como si la vena que recorre mi mejilla me fuera a estallar. «¡Mal asunto, chaval!», pienso para mí. Me siento en el retrete, frustrado, mareado, y comienzo a llorar.

Llevo más de cuatro años en esta empresa desde que acabé la carrera de Publicidad y ha llegado el día: hoy he explotado. Esta situación no me había pasado nunca en la oficina. En casa más de una vez me he encontrado en un rincón llorando como un niño pequeño. ¡La frustración que siento es tan grande! Intento recordar cómo era el antiguo Diego antes de entrar aquí a trabajar. Era un chaval que sacaba buenas notas en la universidad. Se relacionaba con todos sus compañeros y hacía los mejores trabajos de clase en grupo. De hecho, esa fue una de las causas por la que estoy aquí. Mi viejo profesor de construcción de marca me dijo: «sin duda encajarás en esta empresa» y al acabar la carrera con 23 años ya estaba trabajando en una de las compañías más importantes de Barcelona.

Antes todo era distinto. Vengo de una familia numerosa, donde el silencio estaba siempre ausente. En mi casa siempre hubo ruido, pero nunca supuso un problema para concentrarme; es más, no podía trabajar en silencio, me sentía extraño. Estoy en la mitad entre mis dos hermanas mayores y mis dos hermanos pequeños. Tengo quince primos y primas, casi todos de edades parecidas y claro, en las reuniones familiares el jaleo y bullicio eran increíbles. Sin embargo, se trataba de un ruido con armonía, único. Era una mezcla entre todos hablando casi a la vez, carcajadas, gritos y risas de los más pequeños, pero donde se respiraba complicidad y bienestar.

En la oficina es un ruido distinto. Estrés, nervios, gritos, presión, alguna que otra lágrima, broncas entre compañeros, malas contestaciones. Más que trabajar en un buen ambiente, parece una carrera para ver quien llega más lejos, sin importar a quién pisas por el camino. Una vez me dijeron: «¿dónde te crees que estás, chico? Esto son negocios a alto nivel, aquí tienes que ser un tiburón».

Siempre me he aislado de esa estúpida competición para ver quién es mejor, pienso que hay otros caminos para llegar hasta arriba. Incluso creo que todos unidos seríamos increíbles, pero aquí se trabaja para sacar la mejor cuenta de resultados, sin importar nada ni nadie. Desde luego, aquí no encajo.

Ya llevo quince minutos en el baño. Estoy más tranquilo. Me pongo en pie, me seco la cara y salgo más relajado hacia mi pequeña cárcel. Una mesa minúscula, donde me cuesta encajar las piernas y no me permiten poner fotos o detalles personales. Me siento, enciendo el ordenador e intento acabar el documento. Son las 9.50 y me quedan diez minutos para terminar el informe. Tengo que darme prisa, pero mi cabeza empieza a pensar en un plan de fuga. Hace al menos quince años que no sentía esta sensación de libertad.

2. Diego, ¿estás preparado?

—Diego, ¿tienes mi informe? —me pregunta mi jefe.

—Claro que sí, aquí está a las 10.00 en punto, como siempre —le contesto.

—¡Buen trabajo! En dos días te quiero en mi despacho para hablar sobre el cliente brasileño. Ve preparándolo todo —me responde con gesto de autoridad.

–Por supuesto, jefe –le contesto asintiendo.

Miro el calendario. Hoy es 2 de marzo. Faltan dos días para que llegue el viernes y encerrarnos toda la jornada para hablar sobre algún cliente importante. Este hecho hace que esté todo el fin de semana trabajando en un informe para tenerlo listo el lunes. En esta empresa no se hacen las reuniones al azar. Una reunión el viernes supone trabajar sábado y domingo. Son muy listos. Por culpa de esto he ido agriando mi carácter, he perdido relación con mis amigos y familia e incluso dos relaciones amorosas han fracasado. ¿Quién quiere vivir con un tipo gris que solo piensa en el trabajo?

Son las 10.20 y mi cabeza le está dando vueltas a una cosa. La idea es arriesgada pero sencilla: largarme de allí y comenzar como consultor independiente. Intento no pensar y me levanto. Sé que algo va a pasar. Dejo que actúe mi corazón y no mi cabeza.

–Nacho, si preguntan por mí, les dices que me he ido a casa, que no me encuentro bien.

Nacho se queda a cuadros, nunca antes había faltado a trabajar y mucho menos me había marchado de esta forma. En la empresa no ven con buenos ojos que enfermes un día. Me voy tan rápido que no le doy tiempo a replicarme. Se queda con la boca abierta mientras me alejo cruzando rápidamente el pasillo.

Mi objetivo es llegar hasta el ascensor. Así lograré mi libertad. Mantengo una mirada fija, paso firme y sonrisa segura. Los demás trabajadores me miran extrañados. Cruzo por delante del despacho del director. Me mira confuso y paso de largo. Entro en el ascensor y, cuando me quiero dar cuenta, ya estoy en la puerta principal que da a las famosas Ramblas de Barcelona. Suena mi móvil, es mi jefe. Lo silencio, no voy a responder. Salgo fuera y escucho el ruido de las calles de Barcelona. ¡Hacía años que no me sentía tan bien!

Voy directo a casa, pero esta vez no cojo el metro ni el bus, como suelo hacer cada día. Prefiero ir andando. Tardo una hora y media larga, tiempo suficiente para poder organizar todo lo que está pasando por mi cabeza. Vuelve a sonar mi móvil. Lo apago y vuelvo a sonreír observando todo lo que me rodea. En ese momento me viene el recuerdo de los paseos con mis padres en Navidad por las Ramblas disfrutando de los escaparates y del ir y venir de la gente.

Me acuerdo de una tienda infantil vieja que estaba de camino a mi casa. Siempre me había gustado su escaparate y sus adornos. Hace como cinco años que ya no pasaba por allí. Salir tan tarde del trabajo ha hecho que no haya podido disfrutar de Barcelona. Siempre ha sido de casa al trabajo y del trabajo a casa. Esa ha sido mi vida social, porque no cuenta la breve charla que mantenía con los repartidores de comida rápida que veía casi cada noche.

La adrenalina que estaba acumulando en el cuerpo se desploma cuando llego a la tienda y leo en un cartel que dice: «Después de más de 40 años estamos obligados a cerrar por la crisis. Gracias por estar siempre a nuestro lado». Era una tienda pequeña que vendía ropa y complementos para bebés. Mis padres siempre me llevaban en Navidad para ver sus escaparates. Eran increíbles. Esa tienda fue uno de los motivos por los que estudié Publicidad. Tenían una capacidad excepcional para transmitir emociones en cada detalle. De repente, empiezo a poner en duda si es buena idea continuar con esta locura, dejar un buen puesto y bien pagado. Mi cabeza sigue dando vueltas repitiendo una y otra vez: «Diego, ¿estás seguro?».

Continúo andando. Quedan cinco minutos para llegar a casa. Miro el reloj y son casi las 12.00. En mi cabeza ahora se mezcla la ilusión de un proyecto nuevo con las dudas y miedos que rodean el momento que vive el país. Esta maldita crisis impregna de miedo y nos hace dudar de todo. Consigue aborregarnos en nuestros trabajos, nos aprisiona en nuestras casas, nos quita la ilusión de pensar que las cosas pueden cambiar. La maldita crisis, los malditos políticos y su afán de partidismo, los recortes, las mentiras, tanta gente en el paro, mis amigos marchándose fuera del país a trabajar en lo que sea y yo en un trabajo que de momento parece estable y con un buen sueldo. «¿Qué estás haciendo, Diego? ¿Estás preparado?», me pregunto a mí mismo.

Busco nervioso las llaves en mi bolsillo y abro la puerta de casa. Dejo las llaves en el estuche azul que me regaló mi madre cuando me independicé hace tres años. Coloco el maletín encima de la silla y cuelgo la chaqueta en la percha de la entrada. Me dirijo a la cocina con tanta ansiedad que me ha dado sed.

Preparo un zumo de naranja. Hacía semanas que no tenía tiempo de exprimir naranjas. Veo una foto que tengo en la nevera sujetada con un imán de la isla de Formentera. Es una foto vieja con mi abuelo en su casita de la playa, arropándome con una toalla roja. Tenía 12 años y llevaba unas gafas de natación en la mano. Tengo esa foto porque ese día vencí mi miedo a nadar, vencí al mar.

3. Luchando contra el mar

Como cada verano, durante los dos meses largos de vacaciones, mis padres nos enviaban a mis hermanos y a mí a casa de mis abuelos en Formentera. La idea era alejarnos de la gran ciudad. Mi abuelo era pescador y algunos días me dejaba ir con él a faenar, casi siempre cuando hacía buen tiempo y el mar estaba en calma.

–Diego, mañana nos levantaremos pronto para ir a pescar, ¿vale?

–¡Sí abuelo! –le contestaba.

Recuerdo que esa noche no dormía de la emoción.

Mi abuelo tenía una barca llamada *Esperanza*. Decía que le puso ese nombre porque un marinero nunca debía perderla y que, a base de trabajo y esfuerzo, cualquier hombre es capaz de superar la peor de las mareas. Durante los viajes en barca me contaba historias y cantábamos canciones de marineros. Pero sobre todo insistía en los peligros que tenía el mar y como debía afrontarlos en cada situación.

–Diego, el mar, aunque esté en calma, guarda peligros. Tienes que estar siempre alerta y no olvides que hay que respetarlo siempre.

–Sí, abuelo –le respondía. En ese momento me daba un abrazo.

Nunca olvidaré el verano de 1996. Era 15 de septiembre y tenía 12 años, las vacaciones estaban terminando. Como cada tarde, cuando ya no había turistas en la playa, cogía mis gafas de natación y nadaba de espigón a espigón. Sería una distancia de 800 metros, algo fácil para mí.

La bandera de ese día era amarilla, pero el mar estaba en relativa calma. Algunas olas se veían a lo lejos, pero tenía que reconocer que me encantaba nadar cuando había oleaje, algo que era muy usual en Formentera y para mí resultaba mucho más divertido. Hacía que tuviera que esforzarme y luchar en cada brazada.

Comencé mi ritual. Puse en el suelo la toalla, me quité la camiseta, anduve hasta la orilla del mar, me mojé el cuello mientras observaba el mar. Empecé a entrar poco a poco en el agua mientras disfrutaba de los últimos rayos de sol en esas cristalinas aguas. Como estaba acostumbrado a nadar, muchos de los movimientos de mi cuerpo los hacía de forma automática. La coordinación de pies y manos con la respiración me permitía tener tiempo para disfrutar de las vistas y pensar en mis cosas.

Y lo que me rondaba por la cabeza era la gran fiesta de bienvenida del colegio de verano que hacían cada año. Allí me reencontraba con mis amigos. Exagerábamos las aventuras que habíamos vivido durante las vacaciones y curioseábamos sobre los nuevos que llegaban a clase.

Mientras pensaba en mis cosas empecé a nadar, brazada a brazada. Cuando me quise dar cuenta estaba lejos de la orilla. Al intentar nadar hacia ella, la corriente del mar no me dejaba. Es más, cada brazada me alejaba aún más de ella. Me había confiado y lo estaba pagando. Me asusté. Había oído hablar de las corrientes marinas pero nunca había sufrido ninguna. Sin poder hacer nada, me arrastraba hacia el fondo. Yo intentaba hacer fuerza pero no podía luchar más. Era un buen nadador pero estaba muy cansado y las fuerzas me fallaban. El aire me faltaba y estaba muy nervioso. Intenté pedir auxilio, pero el socorrista ya se había marchado. Entonces pensé que serían más de las 20.30 y la noche comenzaba a comerse al día. A lo lejos veía un pescador y algunos turistas que estaban contemplando el atardecer, pero no me oían. Fue ahí cuando empecé a tener miedo. Mientras el sol descendía, me encontré solo contra el mar. Una persona insignificante ante el inmenso Mediterráneo.

Habían pasado 30 minutos y estaba oscureciendo. Apenas quedaba luz. No tenía casi fuerzas. Me encontraba roto física y mentalmente. Lo veía todo perdido y maldecía mi suerte por haberme confiado. Empecé a pensar en mis padres, mis hermanos y mis abuelos. De golpe me acordé de las palabras de mi abuelo hace unos años en la barca. Lo que debía hacer para poder vencer la marea y llegar a la orilla era nadar en diagonal. Poco a poco, con tranquilidad, fui dando brazadas que me llevaron a la orilla. Unos 30 minutos más tarde ya me encontraba en la en la arena exhausto.

Estaba roto, cansado, con el cuerpo frío y de rodillas vomitando. Casi vencido, pero no derrotado. Había ganado al mar ese día pero tenía el miedo metido en el cuerpo. ¡Había faltado tan poco! Casi sin fuerzas, llegué a casa de mis abuelos, abrí la puerta, entré llorando y corrí a acurrucarme en el regazo de mi abuelo. Cuando pude hablar, le conté lo que había pasado.

–Tranquilo, Diego –me decía mi abuelo mientras me arropaba con la toalla. Su voz tranquilizaba mis nervios.

–Tengo mucho miedo, abuelo, no volveré a nadar más –le contesté.

–Ahora tienes que descansar –me respondió. Me preparó un vaso de leche caliente y unas tostadas. Cuando acabé, me llevó en brazos hasta la cama.

Una semana después de lo sucedido, mi abuelo me despertó una mañana. Tenía en una mano mi bañador y en la otra mis gafas de natación. En su cuello le colgaba una toalla roja. Le miré extrañado mientras él sonreía.

–¿Qué haces, abuelo? –le pregunté.

–Vamos a la playa, Diego, a nadar.

–No voy a volver a nadar más. No puedo. Le tengo miedo, mucho miedo al mar –le respondí.

–Diego, si no te enfrentas al mar hoy, le tendrás miedo durante toda la vida.

Ese día mi abuelo me acompañó hasta la orilla de la playa, me dio las gafas desde la orilla, me vigilaba. Cuando levanté la vista a mitad de recorrido ya no podía verle, pero sentía su presencia. Tuve miedo pero seguí nadando: gracias a él le perdí el miedo al mar y volví a tener confianza en mí mismo. Al salir del mar mi abuelo me estaba esperando sonriendo, me arropó con la toalla roja y mi abuela nos hizo esa foto que ahora cuelga en mi nevera.

–Diego, hoy sí que has vencido al mar, porque hoy has vencido a tus miedos.

4. ¡Nos vamos a divertir!

Vuelvo a mi realidad. Apuro mi vaso de zumo. Estoy motivado y cada vez tengo más claro que esto es lo que quiero hacer. Cruzo todo el piso y entro en una pequeña habitación que reformé para utilizarla como despacho. Es bastante sencilla: una mesa de despacho y unos armarios donde guardo varios libros que leía en la universidad. Desde que empecé a trabajar, la única lectura que he realizado ha sido la de informes y más informes.

Enciendo el ordenador, cojo mis cascos inalámbricos y me los pongo a todo volumen. «¡Como en los viejos tiempos!», pienso para mí, mientras se inicia el ordenador. Recorriendo con la vista la habitación, encuentro una foto colgada con mis amigos de toda la vida, aquellos que casi no veía por culpa del maldito trabajo. Encima de la mesa coloco algunos folios y lápices de colores. Enciendo el ordenador y preparo la pestaña de Google y al lado la del Word. En un lado de la mesa está mi vieja agenda. Enciendo de nuevo el móvil y tengo diez llamadas perdidas. ¡Qué pesados! Lo dejo en silencio. No quiero que nadie me moleste.

Con todo preparado me quedo unos minutos en blanco. Estoy concentrándome y varias preguntas rondan mi cabeza: ¿por dónde empiezo? ¿Qué hago? Comienzo a buscar información en Internet. La mayoría no me sirve. Sigo ojeando y leyendo páginas. Me empiezo a desesperar. No hay nada que active mi cabeza, que prenda la chispa. De pronto leo un artículo sobre marca personal.

Le sigo la pista a ese término, empiezo a leer artículos de autores especializados en esa materia. También entro en sus blogs y veo vídeos, normas, puntos, consejos. Me está enganchado. Sigo leyendo y veo que algunos han publicado libros gratuitos. Me los descargo y los imprimo. Voy leyéndolos al tiempo que hago anotaciones, subrayo con los colores según la importancia, veo cosas que están claras y otras que me cuesta entender. El mundo 2.0 ha estado delante de mis ojos todo este tiempo y no lo había visto. Donde trabajo no valoran su importancia. Según ellos, es una pérdida de tiempo. Sin embargo, por lo que estoy descubiendo, se trata de una oportunidad para diferenciarse y darse valor. «¿Cuántos de nuestros clientes podrían aplicarse este concepto?», me pregunto.

Sigo leyendo y apuntando anotaciones. Miro el reloj y son las 17.00 horas de la tarde. Sin darme cuenta, han pasado alrededor de tres horas y sigo investigando. Mis ansias por aprender sobre este tema aumentan cada vez más. Me vienen recuerdos de mi época de universidad y cómo me gustaba exprimir los días. Recuerdo cómo aprendía, investigaba y me pasaba horas en cualquier trabajo de clase.

Veo que uno de los autores principales de España, Andrés Pérez Ortega, ha publicado dos libros, así que llamo a la biblioteca que hay cerca de mi casa. La encargada me comenta que en estos momentos solo tiene uno de los dos libros, pero que también hay otro autor, Dan Schwbel, con la misma temática. Le pido que me los guarden, que ahora voy a por ellos.

Cojo mi vieja mochila de clase, meto los libros impresos, los apuntes y todo el material que tenía encima de la mesa. Pongo el portátil también. Me traslado de oficina. Voy pensando, mientras bajo las escaleras de dos en dos, desde mi casa a la biblioteca. Tengo suerte de vivir cerca de una universidad, ya que solo me separan 20 minutos de la biblioteca. ¡Cuántas horas me he pasado haciendo trabajos allí! Cuando llego, Ramón, el viejo bedel de la biblioteca, me saluda extrañado.

–Diego, ¡cuánto tiempo! –exclama.

–¿Qué tal, Ramón? Hacía tiempo que no venía, ¿eh? –le contesto.

–Mucho tiempo, es verdad. ¿Qué haces aquí? Me dijeron que estabas en una gran empresa –me pregunta.

–Así es, Ramón, pero, ¿quieres saber un secreto? –le digo con ojos intrigantes.

–¿Cuál? –me pregunta acercando su oído.

–Me voy a despedir y voy a abrir mi propia consultoría, je, je –le digo mientras me marcho guiñándole un ojo.

–¡Estos jóvenes están locos! –se queda farfullando.

Cuando llego a la recepción de la biblioteca, la misma mujer que me atendió por teléfono me indica la referencia y la ubicación de los libros por los que estoy interesado. Cuando llego a la estantería, veo otros libros que despiertan mi interés. Son libros que hablan sobre *new marketing, branding, branding digital, social media,* consumidor 2.0, los nuevos medios de comunicación, *branding* emocional… Me siento como un niño pequeño cuando jugaba con mis hermanos a esconder tesoros en el jardín. De repente me doy cuenta de lo rápido que han cambiado las cosas desde que empecé la universidad. Empiezo a comprender las posibilidades que pueden existir si aplico lo que ya sé y todo lo que puedo aprender. De esta forma podría enfocar mejor mi propia marca personal y construir mi futuro.

Empiezo a ojear los libros. Me apunto los términos que más me llaman la atención y voy construyendo una tela de araña mezclando autores, libros, conceptos, estrategias, valores, medios… Dentro del caos del papel, intentaba traducir estos términos en mi cabeza. Todo tenía una lógica. Sigo ojeando libros, consultado en Google, guardándome PDF y apuntando frases.

De repente, noto un golpe en mi espalda. Me quito los cascos y veo a Ramón.

–Diego, es hora de cerrar, ya son las 21.30 horas.

–¡Madre mía, ya han pasado tantas horas y yo sin darme cuenta! Muchas gracias –le respondo.

–¿Mañana te veré, Diego? –me pregunta.

–Creo que me vas a ver durante una larga temporada por aquí. Aún tengo mucho que aprender –le respondo.

–Hasta mañana entonces.

Bajo a la recepción de la biblioteca y saco los dos libros de marca personal para seguir leyendo en casa. Paso por delante de un bar, pido un bocata para llevar. Mientras espero, sigo dándole vueltas a cómo enfocar todo lo que tengo en mi cabeza. De camino a casa me como el bocata, casi sin tragar. No puedo perder tiempo. ¡Me quedan tantas cosas aún por hacer!

Ya estoy en mi despachito, coloco todo encima de la mesa y de nuevo me quedo unos minutos pensando en cómo enfocar toda esta información. Había leído muchas cosas interesantes. Cojo varios folios en blanco y los pego uno a uno con celo en una de las paredes de mi habitación. Tras esto, me quedo mirando como detective de serie americana.

–¿Cómo empiezo, Diego? Vamos, piensa, chico –me digo–. ¡Claro, ya está! Vas a enfocarlo como si fuera una empresa pero aplicándolo a una persona. Lo has hecho mil veces, eres bueno en eso Diego, eres bueno.

En el papel en blanco escribo en uno de los lados la palabra «Diego» y empiezo a contestarme a estas preguntas: ¿quién eres? ¿Qué puedes aportar nuevo? ¿Cuál es tu valor profesional? ¿Cuál es tu valor personal? ¿Qué medios tienes? Tras contestar las preguntas, planteo los pasos a seguir a corto, medio y largo plazo para ir construyendo mi marca personal, para generar *branding*. En cuanto a los medios que tenía, si me iba de la empresa, pocos iban a ser. Únicamente un ordenador y este despachito. Sabía que no era suficiente y tampoco podría abrirme una web o colgar un letrero en la puerta de casa y esperar a que viniesen los clientes. Comienzo a ojear entre los apuntes y los libros y me doy cuenta que muchas de las plataformas sociales que la gente utiliza de forma personal o para ocio se pueden aprovechar como medios propios, siendo estos mis canales de comunicación.

Son las 03.00 de la mañana y tengo ya más o menos la estrategia organizada. Sé qué pasos debo seguir y qué canales debo utilizar. Me abro mi perfil de LinkedIn, creo una página de Facebook profesional y me abro una cuenta de Twitter. También abro una cuenta en Ivoox, YouTube y Slideshare. Dentro de mi estrategia pongo como deberes aprender bien cómo utilizar cada uno de estos medios de forma profesional. Ya había visto algunos libros en la biblioteca que me ayudarían a enfocarlo.

Sigo planeando mi estrategia. Primero empezaré aprendiendo a utilizar las redes sociales de forma profesional y conectando con profesionales, luego abriré los otros medios que sirvan para transmitir mis ideas o mensajes. Muchos de los autores comentan la idea de abrirse un blog, pero, ¿a quién le va a interesar lo que dice un chico de 27 años? Y algo más importante, ¿qué puedo contar yo que no se sepa? De todas formas compro el dominio. Total, son 14 euros y así ya queda en mi propiedad. Además tengo un amigo que es diseñador web que me podrá ayudar a enfocar este punto.

Por último, tengo más amigos en los medios de comunicación y en la universidad que me pueden ayudar a tener apariciones de calidad, dar charlas gratuitas en escuelas de negocio o universidades, escribir algún artículo como colaborador en medios digitales o en prensa. En definitiva, todo aquello que pueda aportar valor a mi marca personal. Si algo estoy aprendiendo es que todo cuenta para dotarse de valor y que utilizando bien los medios puedes comunicar ese valor profesional y personal.

Suena la alarma de mi móvil, ya son las 08.00 horas, tengo que ir a despedirme. Llamo a un taxi, que llega a las 08.20. De camino al despacho empiezan de nuevo las dudas y los miedos. Sé que tengo que ir poco a poco encontrando mi camino pero también sé que no puedo continuar así; por lo que tengo que dar un golpe de timón a mi vida.

Ya son las 08.55 de la mañana. Me encuentro en el umbral de la puerta de la empresa y el miedo no se va de mi cabeza. «¿Estás seguro Diego, estás seguro? –me pregunto una y otra vez–. Aun estás a tiempo para echarte atrás, para hablar con el jefe y pedirle disculpas». Pero por un instante me viene a la memoria mi aventura con el mar cuando tenía 12 años. Me encontraba igual que entonces, destrozado, cansado, con tensión, estrés, ansiedad y mucho miedo. Entonces me acordé de las palabras de mi abuelo: «Diego, hoy sí que has vencido al mar porque hoy has vencido a tus miedos».

Mis miedos, lo que me hace vulnerable, lo que me hace retroceder, lo que me inmoviliza. ¡Ahora no me va a ocurrir! Subo con determinación las escaleras, cruzo el pasillo bajo la atenta mirada de mis compañeros. Se hace el silencio. Abro la puerta del despacho de mi jefe y me mira extrañado. Le sonrío y pienso: «¡nos vamos a divertir!».

Como dijo el actor y escritor Harvey Fienstein, «nunca te conviertas en una víctima. No aceptes la definición de tu vida por lo que te dicen los demás. Defínete a ti mismo».

6

Alguien nuevo en la oficina: seguro que es mejor que yo

Marta Mª Ferrer González

1. Un mal despertar en un día importante

Riiiiiiin, riiiiiiin, riiiiiin… Oh, ¿por qué no habré cambiado esa dichosa alarma? ¿Puede haber algo peor en el mundo? Consigue que me levante de mal humor y mira que me dije anoche antes de acostarme: «Ana, tienes toda la noche por delante, vas a descansar y te vas a levantar como una rosa mañana». Pues sí, tenía razón, como una rosa me he levantado, pero marchita.

Creo que no hay parte del cuerpo que no me duela. Pero a pesar de que mi cama en este momento tenga un magnetismo incontrolable y de que me grita que no la abandone en todo el día, todo me indica que son las 06.45 de la mañana y que toca ponerse en marcha. Y es que la única luz que se ve a través de la ventana de mi habitación es la de la triste farola que ilumina mis noches de insomnio.

Con todo mi enfado matutino ni me he presentado. Como habrás podido comprobar, no tengo un buen despertar, pero te aseguro que con un café todo cambia, tanto mi visión del día como tu visión de mí.

Me llamo Ana Márquez, tengo 34 años y soy «responsable» de la sección de tendencias de una de las revistas digitales más influyentes. La más influyente, diría yo. Lo de responsable, lo he puesto entre comillas, sí. No me he vuelto loca, soy responsable sin serlo oficialmente. Asumo las responsabilidades de los errores y las palmadas en la espalda se las lleva otro. Pero no hablemos de eso ahora, más adelante tendremos tiempo de hacer una visita a la redacción.

Son las 06.50 y ahora es mi momento, nuestro momento. Es la hora del café y la hora de conocernos un poco más.

Me encanta el olor del café recién hecho. Creo que si la alarma taladrante de mi despertador consigue ponerme de mal humor lo único capaz de remediarlo es un buen café con leche. Además hoy estreno juego de tazas. Son una monada, el regalo de boda de la prima de Miguel. ¡Ay! No te lo he dicho. Me casé hace tres meses, como te habrás imaginado, y con Miguel, por supuesto. Perdona otra vez mi despiste.

Son las 06.55 de la mañana y a estas horas soy incapaz de seguir una historia de principio a fin. Te aseguro que esto cambia a lo largo del día. De lo contrario, ¡qué difícil sería hacer mi trabajo, todo el día contando historias!

Pues sí, soy una feliz recién casada estrenando juego de tazas de café. Miguel es reportero gráfico en una agencia de comunicación y muchas veces tiene que salir de viaje. Esta es una de esas veces que se marcha para hacer un reportaje. Así que aquí estoy, en la cocina de casa, acompañada de mi café y de las cuatro galletas que me van a ayudar a empezar el día.

Después de una buena ducha, mi cara comienza a recuperar su forma natural. Recién levantada soy incapaz de mirarme al espejo. ¿Se pueden tener los ojos más pequeños y la cara más hinchada?

Me acerco al armario y es entonces cuando me acuerdo, ¡es miércoles! Hoy llegaba Victoria a la revista. «¿Quién es Victoria?», te preguntarás. Pues ya somos dos, yo también me lo pregunto. Solo sé de ella su nombre y que se incorpora al equipo de redacción de apoyo. Vamos, que en palabras de mi jefe, viene a «echar una mano» (aunque aún no se dónde).

Hasta ahí todo normal, llevamos meses pidiendo ayuda en la redacción y hoy por fin llegó el gran día. Una buena noticia, ¿verdad? Pues no sé por qué, pero hace que esté intranquila, algo me hace desconfiar de esta nueva incorporación.

Intento dejar a un lado mis miedos, absurdos, como diría Miguel. Me dispongo a buscar el modelito perfecto. El día lo merece. Todo va a salir bien, o eso espero. Miro el reloj, son las 07.30 hrs. Cierro la puerta de casa, no sin antes acariciarle la cabeza a Kira (ella es mi gata), y me dirijo al garaje.

Entro a trabajar en una hora pero el tráfico en Madrid… ya se sabe.

2. Dejando volar mi imaginación

A las 08.15 ya estoy en la oficina. Me gusta ser de las primeras en llegar y disfrutar del silencio de la redacción. Además, hoy me apetece acercarme al despacho y saludar a mi jefe. Lo hago pocas veces pero algo me dice que hoy debo hacerlo; debe verme por allí, saber que estoy, que existo.

Cuántas veces habré leído este cartel: «Carlos de Paz, director». Lleva en esta puerta desde que tengo uso de razón y, aunque pasa el tiempo, siempre consigue ponerme algo nerviosa.

Carlos es una de esas personas a quien todos admiran, uno de los peces gordos del sector editorial. En su despacho tiene una estantería con todos los premios que le recuerdan que es uno de los mejores en su trabajo, si no el mejor. Sin embargo, de momento creo que no le han dado ninguno en amabilidad. Cuando se llama a la puerta de su despacho nunca sabe uno lo que se va a encontrar al otro lado. Puedes tener suerte y encontrarte a una persona razonable, atenta, o bien a su álter ego, alguien capaz de estropearte el día con solo una mirada. Así es nuestro director, impredecible.

Pues bien, ahí estoy yo, frente a su puerta, dispuesta a darle los buenos días en un intento de quitarme esta sensación de intranquilidad que me he traído en el coche.

Allá voy, me dispongo a llamar a la puerta, con delicadeza pero con seguridad. De repente, me doy cuenta de que el señor Carlos de Paz no está solo. ¿Quién puede estar a estas horas en el despacho del director? Es una mujer. En ese momento, un nombre aparece en mi cabeza: Victoria. ¿Puede ser que se me haya adelantado? «¡Oh, Dios mío, Ana, se te ha adelantado!», me digo a mí misma. Primera batalla perdida. Uno a cero a favor de Victoria.

No te puedes imaginar en ese momento la de cosas que se me pasan por la cabeza. En cuestión de segundos la imaginación vuela a la velocidad de la luz para pasearte por las situaciones más inverosímiles. ¡Ya está, tendría que haber llegado antes! Tendría que haber sido yo la que estuviera en ese despacho antes que esa tal Victoria. Seguro que tiene un currículo espectacular y que es encantadora. ¿De qué estará hablando con el señor De Paz? ¿En qué lugar me deja a mí esta incorporación? ¿Qué voy a hacer yo a partir de ahora?

Llevo dos años dirigiendo en la sombra una de las secciones más leídas de la revista, sin ningún reconocimiento. De un plumazo acaban de desaparecer las pocas posibilidades que tenía de que mi director valorara mi esfuerzo y dedicación diaria.

Qué injusto es todo. Si ya lo dice mi amiga Susana: «hay unos que nacen con estrella y otros estrellados». Yo pertenezco a ese segundo grupo.

«¡Ana, ya está! –me digo–. ¡Vuelve a la realidad!». Mi realidad es que son las 08.25 de la mañana. Ya empiezan a llegar mis compañeros a la redacción y deben de pensar que soy idiota porque llevo diez minutos plantada frente a la puerta de mi jefe como un pasmarote. ¡Menuda imagen! Ya está, tengo que entrar, ¿qué puedo perder? Entraré, le daré los buenos días a mi jefe y me presentaré a mi nueva compañera. Muy fácil, ¿no? Pues no sé muy bien por qué, pero ahora mismo tengo un nudo en el estómago que no me deja respirar. Las manos me están empezando a sudar. Creo que hasta estoy perdiendo la vista. Esto es lo que me faltaba. ¿Te imaginas que ahora me mareo y monto una escenita? ¡Qué buena carta de presentación!

Poco a poco voy cogiendo las riendas de la situación y en cuestión de segundos me descubro llamando a la puerta, a esa barrera que me ha separado de la realidad en los últimos quince minutos.

En ese momento noto que el murmullo del otro lado de la puerta se para y una voz masculina me invita a pasar. Abro, intentando poner mi mejor cara, esa sonrisa que tengo tan ensayada, y les veo. Están de pie y me miran interesados.

–Buenos días, señor De Paz –es lo único que alcanzo a decir.

–Buenos días, Ana. Qué bien que estés ya por aquí, iba a salir a buscarte. Mira, te presento a Victoria Martínez, se incorpora hoy a tu departamento. Quiero que le pongas al día de los asuntos de la redacción. Ya le he dicho que sea tu sombra estas semanas.

Así que le tengo que «poner al día de los asuntos de la redacción». Vamos, que le tengo que enseñar a hacer mi trabajo.

El caso es que parece una chica maja. Es alta, morena y muy elegante. Algo en su cara me dice que está ilusionada con el trabajo y que tiene ganas de aprender. Es cierto que su gesto me da tranquilidad, pero no quiero bajar la guardia.

–Ana, ya le he dicho a Victoria que va a aprender de la mejor –continúa mi jefe.

–Encantada, Ana –me saluda Victoria con voz dulce, y continúa–. Para mí es un placer poder trabajar contigo. Desde hace tiempo sigo tus artículos y la verdad es que te admiro muchísimo. Cuando el señor De Paz me dijo que iba a estar a tus órdenes no me lo podía creer. Me ha dicho que voy a aprender de la mejor y no tengo ninguna duda.

Espera un momento, ¿ha dicho que va a estar a mis órdenes? ¿Mi jefe ha dicho que va a aprender de la mejor? ¿Desde cuándo soy la mejor? La verdad es que esta conversación me ha descolocado y no sé cómo reaccionar. Creo que he sacado la artillería demasiado pronto y me siento un poco avergonzada.

3. Escondiendo el hacha de guerra

El día transcurre con normalidad. Hay mucho trabajo en la redacción porque en dos días arranca la Pasarela Cibeles y estamos preparando un reportaje especial para la revista. Me gustan estos días y me gusta la sensación que me ha quedado después de salir del despacho de mi director.

Efectivamente Victoria se ha convertido en mi sombra, pero, lejos de incomodarme, me hace sentir importante. Veo en su mirada que su admiración es sincera y, aunque ella no lo sepa, me hace mucho bien tenerla a mi lado.

Que Victoria quiera aprender de mí me ha hecho recuperar la confianza en mí misma que hace tiempo había perdido. «¡Genial, a alguien le interesa mi trabajo!», me digo. Y no solo eso, absorbe toda la información que sale de mi boca como si no hubiera nadie en el mundo capaz de hacerlo mejor.

Son las 12.30 y, aunque llevamos ya cuatro horas de intenso trabajo, he tenido tiempo de fijarme en ella, en Victoria, en cómo trabaja y en cómo se relaciona con el resto de compañeros de la sección. Habla con todos divertida, pregunta todo lo que se le ocurre y siempre con una sonrisa. No dejo de observarla y cada vez me siento más y más avergonzada. ¿Cómo he podido pensar que ella iba a quedarse con mi puesto?

En ese momento alguien me toca la espalda y oigo mi nombre. He reconocido la voz, es él, mi jefe. No puedo evitar ponerme algo tensa. Es extraño que salga de su cueva (así es como llamamos a su despacho) y, cuando lo hace, nunca es para nada bueno.

—Ana, me gustaría hablar contigo en mi despacho antes de salir a comer. Sé que hoy tenéis mucho trabajo, pero es urgente —dice mi jefe con semblante serio.

Esas palabras, el tono en el que las ha dicho y la cara con la que las ha dicho no me hacen presagiar nada bueno. Un torrente de sensaciones invade mi mente. ¡Dios mío, esto es el fin! Ya sabía yo que no podía salir todo tan bien, que la nueva incorporación iba a traer cola. Si es que con esa dichosa alarma no se puede empezar el día bien. Es imposible.

Termino de maquetar las fotografías de las últimas colecciones que se van a presentar este año en Cibeles Madrid Fashion Week, como han querido llamarla ahora, y recorro el pasillo que separa a la redacción del despacho del director. Un pasillo largo, sí, pero a mí se me está haciendo eterno. ¿Cuál será la siguiente sorpresa?

4. Al final todo llega

–Siéntate, Ana, por favor –así empieza el señor De Paz la conversación.

Tanta amabilidad no es normal y seguro que no esconde nada bueno. Intento estar atenta a lo que me tiene que decir, pero no puedo evitar que mi mente se disperse. Pienso en Miguel y en cómo decirle que me han cambiado de sección o, lo que es peor, que me he quedado sin trabajo ahora que acabamos de casarnos y que tenemos tantos planes de futuro por hacer. Pienso también en mis amigas de toda la vida, que siempre han dicho lo orgullosas que se sienten de mí por lo lejos que he llegado. Pienso también en mis compañeros de facultad, que consideran que no me pueden ir mejor las cosas y que hace poco me dijeron que pronto llegaría mi ascenso porque me lo merezco. Pienso en mis padres, que siempre me han dicho que tengo que creer más en mí misma, que soy una luchadora y que todo lo que me propongo lo consigo. Pienso en ellos y en cómo se echaron las manos a la cabeza cuando les dije que quería ser periodista, que esa era mi pasión. «¡Con lo mal que está la profesión! –me dijo mi padre–. ¡Piénsatelo bien! Lo que tienes que hacer es estudiar informática, ¡esa es la profesión del futuro!», me repetían una y otra vez. Ahora voy a tener que darles la razón.

–Ana, ¿me estás escuchando? –mi jefe me saca así de mi letargo.

¡Qué vergüenza! No, no le estaba escuchando, de hecho no he oído nada de lo que me ha dicho. «Céntrate, Ana», me digo.

–Te decía que llevas ya dos años en esta compañía. Que, sin duda, tu trabajo ha sido impecable durante todo este tiempo y los datos te avalan. Ya sabes mejor que nadie que la revista no ha pasado por su mejor momento, que los anunciantes no confiaban en ella y que el sector ha sido especialmente duro con nosotros. Pero también sabes que en los últimos meses hemos batido récord de lectores únicos y que muchas firmas de moda y de cosméticos se pegan por aparecer en nuestra web, concretamente en tu sección –ahora sí que estoy bien atenta a las palabras de mi jefe. No tanto por lo que dice sino por el hecho en sí de que lo diga.

–Ana, te voy a ser sincero –continúa sin reparar en mi nerviosismo–. Sé que has estando haciendo horas extra y trabajando como pocos en la redacción. Sé también que te he cargado con responsabilidades que igual no correspondían a tu puesto de trabajo. Pero no lo he hecho de forma aleatoria. Sabía que ibas a poder con ello y que me ibas a demostrar que eres la mejor para cubrir el puesto de redactora jefe de la revista.

¿Cómo? ¿Redactora jefe de la revista? ¿Es eso lo que me ha dicho? Creo que el corazón se me va a salir por la boca. ¿Que me estaba poniendo a prueba?

–Quiero que sepas que voy a subir mi propuesta al consejo de administración y estoy seguro de que ellos van a saber ver en ti lo mismo que he visto yo. Reúnes las condiciones necesarias para mantener esta revista en lo más alto.

Con estas palabras que aún retumban en mi cabeza termina de hablar mi jefe.

–No sé muy bien qué decir, me ha cogido usted completamente desprevenida.

Quizá no he elegido demasiado bien las palabras para pronunciarme por primera vez después del anuncio pero, como siempre me ha dicho mi madre, ante situaciones críticas lo mejor es ser sincero.

–Asumiré el cargo con toda la ilusión del mundo, señor De Paz. Sé que esta revista tiene todavía muchas posibilidades por explorar y me encantará estar al frente de este proyecto.

5. Después de todo, *you're the best*

De camino a casa no puedo dejar de pensar en las palabras de mi jefe, en mi ascenso… ¡Un ascenso! No me lo puedo creer. No puedo dejar de sonreír, a pesar del atasco de todos los días. En realidad no sé si reír o llorar de felicidad. Quiero saltar, gritarle a todo el mundo que me han ascendido, que mi jefe confía en mí y que soy una idiota por creerme prescindible en mi trabajo, por pensar que la pobre Victoria venía para quedarse con todo lo mío. Y es que, como decía Earl Gray, «la confianza, como el arte, nunca proviene de tener todas las respuestas, sino de estar abierto a todas las preguntas».

En ese mismo momento suena en la radio del coche *You're the Best*, de Tina Turner. No podía estar mejor elegido el tema. Hoy es así como me siento, la mejor. Sé que lo que me espera a partir de ahora también va a ser lo mejor. Empezando por Miguel, que seguro que después del mensaje que le he enviado me espera con una buena cena en casa. Hay mucho que celebrar. Camino a casa, recuerdo la frase de Paul Heyse: «el que se apoya en los demás ve cómo vacila el mundo, el que se apoya en sí mismo se mantiene seguro».

7

Miedo a soñar: un lujo no permitido
Mar Cárdenas

1. Ilusión: ¿juego de niños?

¡Qué ilusión, ya han llegado! Te preguntarás: «¿qué?». Pues lo que he estado soñando durante 335 días: ¡mis vacaciones! Sol, playa, ese olor inconfundible a sardinas a la brasa y, cómo no, un delicioso tinto de verano. Ummh, perfecto momento para ir al chiringuito.

Son las 13.00 horas. Me calzo las chanclas, cojo la mochila y de camino voy chequeando el móvil. Aunque he conseguido desconectar, debo reconocer que revisar los mensajes y llamadas es algo instaurado en mí y lo hago por rutina. En ese momento suena «¡beep, beep!», inconfundible sonido de mensaje. Como si de una quinceañera se tratase pulso la tecla del buzón de correo y leo: «mensaje de Carlos». Puff, ¡seguro que no son buenas noticias! Con lo bien que estaba yo sin saber nada del mundo.

Un suspiro me acompaña los dos escalones finales del chiringuito, antes de alcanzar la mesa que había oteado desde hacía unos segundos. «¡Cógelo, que es Carlos!», me repito a la vez que me dejo caer en la silla. En ese momento me invade una sensación de cierta tristeza, mezclada con impotencia. No puedo evitar desempolvar la última conversación que tuvimos hace unas semanas y dentro de poco entenderás por qué.

Me llamo Beatriz Rubio, tengo 39 años y soy psicóloga. Mi experiencia laboral siempre ha estado relacionada con ayudar a las personas a desarrollar aquellos aspectos que podían limitarles para conseguir sus objetivos, sus proyectos. Sin embargo, si algo me caracteriza de forma especial es mi ADN comercial.

Mis primeros años de vida profesional me marcaron para siempre. Imagino que ocurre como en los estudios. Seguro que te habrá pasado a ti también, ¿verdad? Pues bien, tuve la suerte de empezar como comercial en un banco, aunque lo que realmente me dio callo fue lo siguiente, mi experiencia como agente de seguros. Me sirvió para descubrir a una joven de 18 años que no sabía lo que quería, pero también a entender mejor las motivaciones de las personas. Realmente mi trabajo consistía en eso, en entender sus deseos y sus sueños. Solo así se podría entender que contrataran un plan de pensiones que les permitiera saborear muchos años después el sacrificio que hacían hoy. Uy, perdóname, que por aquí viene mi hija Irene, una dulzura con 7 años.

–¿Qué haces, mamá? –me pregunta con mirada inocente.

–Voy a tomarme un refresco Irene y a llamar a un amigo –le contesto.

–¿Le pasa algo al señor? –me pregunta.

–Está algo triste –le respondo.

–¿Por qué? –me insiste ella. Ya sabes lo que tienen los críos, la insaciable búsqueda de los porqués.

–Pues nada, que no le salen las cosas –contesto mientras hago ademán de llamar al camarero.

–¡Pues que haga otras! –añade con la elocuencia de los niños.

Sonrío y aguardo un instante antes de contestar. Necesito pensar la respuesta.

–Ya ha intentado otras y no le han salido –le respondo intentando eludir los detalles.

–Pero, ¿todas? –añade mi hija sin pensar.

Sonrío otra vez. Le cojo de la manita y suspiro. Ella responde a mi gesto con cara de poner toda la atención. Es lo que tienen los niños, sensibilidad a nuestras emociones y a nuestros gestos. Supongo que es lo primero que aprendemos a interpretar para poder llevarnos bien con nuestros iguales. Quizá sea la única manera de comunicarnos hasta que lo hacemos con las palabras. Y más tarde, movidos por la curiosidad, empezamos a interpretar lo que dice el otro completando lo que no dice mediante nuestra propia experiencia, miedos o inquietudes. Es curioso, todas estas preguntas que hacemos de niños, las sustituimos por nuestros propios pensamientos distorsionando en parte la realidad. ¡Qué cantidad de cosas podemos aprender observándolos a ellos!

–Hija, en ocasiones, aunque quieres hacer bien las cosas, estas no salen. Y cuando lo intentas tantas veces, se pierde la ilusión –le digo mientras ella escucha con interés.

–¿Qué es la ilusión, mamá? –me pregunta con suma rapidez.

–Pues son las ganas de hacer cosas –le respondo.

–Pues dile que las haga jugando, al principio te cuesta y luego ya te apetece – me dice ella.

En ese momento llega el camarero. Está sudando a chorros. Se acerca y se queda plantado delante de nosotras. Ni buenas tardes siquiera. Imagino que entenderá que su mera presencia simplemente significa el resto. Lo miro, le digo «buenas tardes» y le pido una cañita.

–¿Y para la niña? –me pregunta.

En ese momento pienso: «¡vaya, si sabe hablar y todo!».

–Nada, gracias –le respondo.

Tras esta fantástica conversación entre camarero y cliente prosigo con la interesante conversación de mi hija.

–Cariño, la vida a veces te quita las ganas de jugar. Cuando tienes cosas de mayores y responsabilidades como hijos, necesitas dinerito para pagar las cositas que una familia necesita –trato de explicarle.

–¡Ya, mamá! Pero, ¿por qué no se puede hacer jugando? –insiste.

–Porque en un juego ganar o perder no es tan importante, no pasa nada –le digo.

–¡Sí que pasa! Cuando pierdo me pongo triste.

–Pues eso mismo es lo que trataba de explicarte, hija.

–Sí, mamá, pero lo vuelvo a intentar, hasta que consigo ganar.

En ese momento ve como una amiguita suya se acerca a nuestra sombrilla.

–Bueno, mamá, me voy con Claudia a jugar.

Pero antes de irse se acerca a darme un beso, me mira con condescendencia y me dice:

–Bueno mamá, dile a tu amigo que no esté triste, que tiene suerte, tiene una amiga, te tiene a ti.

Se aleja corriendo a jugar con su amiga mientras llega el camarero con mi cerveza.

La conversación con mi hija ha logrado situarme en otra perspectiva de las cosas. ¡Qué fácil es todo desde los ojos de los niños! O mejor, ¡con qué simple transparencia lo ven todo! ¡Qué pena que las experiencias, las decisiones que tomamos, vayan mutilando esa espontaneidad! Sin duda alguna, se trata de la perspectiva de que todo es posible, justo cuando más la necesitamos.

2. Buscando el cinco en las ventas

Doy el primer sorbo al vaso fresquito, miro al mar azul mientras la brisa mueve mi pelo. Bueno, más que brisa es un viento aparente que, junto con la crema de protección solar de mi piel, me hace sentir una croqueta rebozada. Dejando a un lado este momento culinario, me dejo llevar unos instantes por aquellos momentos de verano. Aquellos cuando aún soñaba, cuando todo me parecía posible; cuando fantaseaba con lo que quería ser de mayor.

¿Recuerdas tu último sueño? Seguro que estarás conmigo en que cuando sueñas consigues que tu corazón te recuerde que estás vivo y no que sobrevives cada día. Incluso se te olvida lo que es la pereza o la desidia. Solo te apetece luchar por conseguirlo y sientes que todo lo que ocurre es para acercarte a ello. Cuando quieres comprarte un coche o una moto ves matrículas, volantes y ruedas por todos lados. Y cuando estás embarazada se te olvida que hay algo más allá de una barriga: ¡todo es redondo!

Vuelvo con la imagen al rostro de Carlos. Se trata de un amigo que montó una empresa hace años. Había conseguido crear puestos de trabajo y hace unas semanas se había enfrentado a tener que romper los sueños de aquellas familias porque no podía continuar hacia delante. Para colmo, los ahorros de sus padres de toda la vida se habían perdido por haber invertido en una caja que estaba en la absoluta quiebra. Su mujer se preparaba una oposición aunque, dados los recortes a los fondos públicos, tampoco apuntaba a buen fin. Parece como si la cuestión económica nos tuviera a todos atrapados de alguna manera. Incluso nos presenta a algún familiar que no conocíamos, como la prima de riesgo.

Pues bien, antes de enfrentarme a la llamada necesito prepararme: vuelvo a dar otro sorbo y suspiro. De pronto me viene a la mente una mala inversión que hice con la compra de una casa. Me empecé a poner de mal humor. Recordé entonces las sensaciones de fracaso y de frustración cuando las cosas no salen. Pienso que si me da por llamarle ahora, la voy a liar, así que intento encontrar un recuerdo que empezando mal haya acabado con final feliz.

Necesitaba seguir con el optimismo que me había dejado Irene, mi hija, así que viajé a mis 20 años. Imagínate, segura de mi misma, luchadora, con ganas de comerme el mundo. ¡Toda una perita en dulce! Era vendedora de seguros y vivía de la comisión que generaba con las ventas. Si no cerraba operaciones no había ingresos. A decir verdad, no era buena vendedora. Me encontraba en lo más alto de la lista de los diez peores vendedores. Así que me metieron en el grupo que llamaban UCI –sí, la unidad de cuidados intensivos–. Es decir, que me daban un mes más y si no vendía, ¡a la calle!

En la primera reunión a la que asistí me sentí fuera de lugar y me pregunté: «¿qué hago aquí?». Cuando terminó me acerqué a la jefa y le dije:

–Oye, perdona, creo que este no es mi sitio, ¿qué tengo que hacer para salir de este grupo? Ya sé que no soy buena en esto, pero me resisto a fracasar.

Ella me miró por encima de sus gafas de pasta y añadió:

–Chica, esto es cuestión de estadística, solo son buenos los que se comprometen y trabajan duro.

–¿Estadística? –le pregunté.

–Claro. Si haces cinco entrevistas de verdad, conseguirás un cierre –me dijo.

–¿Cinco entrevistas? ¿Y de dónde las saco? ¡No conozco a tanta gente! –le contesté.

–¡Esa es la clave! Tienes que ser tú misma quien cree esas oportunidades –replicó poniéndome delante el tomo de las Páginas Amarillas.

–Pero si ya he llamado a cientos y no me cogen el teléfono... ¡como para que me den una entrevista! –le contesté.

–¿Eres parte del problema o de la solución? Confía en mí –me dijo de forma contundente y continuó–. Con cinco entrevistas de ventas conseguirás un cierre y con cinco operaciones cubres el mes. De lo contrario dedícate a otra cosa, querida. En esto consiste este trabajo: sales con el maletín lleno de noes y tu trabajo es convertirlos en síes. Esa es la clave. Tanto vales, tanto ganas. Si te conformas con un salario fijo este no es tu trabajo. Este es solo para emprendedores, personas que no quieren tener límites en sus ingresos.

Otra cosa no tendré, pero amor propio tengo un rato. Me dije que si salía de allí sería porque voluntariamente decidiese que no era mi opción. Como con los ojos de un niño, solo pude poner atención en una cosa, el cinco, parecía como si el cinco fuese el número mágico. ¡Se trataba de eso, de buscar el cinco!

Al día siguiente me dediqué a no pensar en si era difícil o imposible. Me limité a buscar el cinco, tenía solo dos entrevistas concertadas, así que hice puerta fría con la única intención de buscar el cinco y ver si era verdad. Llevaba cuatro entrevistas y, de repente, un señor de unos 40 años, dueño de una pequeña empresa, me dio audiencia y me abrió la puerta de su despacho. Me dejó hablar y hacer mis preguntas. Recuerdo que me miraba. Yo estaba como un flan y no sabía si su mirada era de valoración profesional o de interés personal. Solo sé que de pronto ocurrió. Se inclinó hacia delante en la silla y empezó a hacerme preguntas sobre mi solución financiera. ¡Toma ya!, mi primera venta. Pues sí que va a ser verdad esto del cinco. Me sentía la mejor vendedora del mundo, veía cincos por todos lados.

La lección que aprendí entonces y que hoy desempolvo fue que había que poner el foco en un objetivo claro y no tanto en lo que puede limitar o imposibilitar la consecución del mismo. De esta forma evitas que se mine tu confianza antes siquiera de haberlo intentado. Cuando sientes que ya no se puede, buscas las pilas de reserva que tienes y ¡zas, lo consigues! Siempre se puede más.

Aquel primer día, en la cuarta entrevista estuve tentada de dejarlo, irme a casa y enviar mi currículo a otras empresas. Sin embargo, algo que todos tenemos, que sigue estando dentro de nosotros desde niños, me impulsó a seguir: el sueño de conseguirlo. ¡Ni te imaginas cómo agradezco no haber tirado la toalla aquel día!

3. No me hables, que no te escucho

Así que recreándome en esa sensación de salir a la calle y sentir que soy la número uno vendiendo, cojo el móvil y busco en la agenda el nombre de Carlos. Espero tres tonos y me responde una voz de mujer.

–Sí, dígame –me responde.

–Lorena, ¿eres tú? –le respondo. Lorena es la mujer de Carlos.

–Sí soy yo –me contesta.

–Soy Beatriz, tengo una llamada perdida de Carlos.

Mientras conversamos un poco de los hijos y demás me comenta que Carlos está en la ducha y que enseguida se pone al teléfono.

–Hola Beatriz, ¿qué tal? –me pregunta Carlos con voz tenue.

–¿Cómo vas, Carlos? Tenía muchas ganas de escuchar tu voz –le respondo con un entusiasmo para neutralizar las vibraciones negativas.

–Gracias, Bea. Aquí sigo, peleando. La verdad es que no estoy de humor, no me sale nada, todo lo que toco va mal, no veo el final. Quizá es mejor que hablemos en otro momento –me contesta.

–Espera, Carlos, para mí es buen momento ahora. Es más, me encantaría compartir la cerveza que me estoy tomando contigo. Anda, dedícame unos minutos. Una cerveza en buena compañía nunca viene mal.

–¡Qué ánimos tienes, Bea! Pero te repito que no estoy de humor –me responde.

–Sé por lo que estás pasando y acabo de vivir una experiencia que me gustaría compartir contigo. Se trata de una conversación que he tenido con mi hija y que me ha hecho revivir experiencias. Estoy segura de que puede ayudarte –le digo.

–Bueno, a ver qué es –me responde con desgana.

–Antes de nada querría preguntarte algo: ¿cuál es tu sueño?

–¡Sueño! –exclama entre sorprendido y molesto, interpretando que con la situación que estaba viendo quería tomarle el pelo–. Pues supongo que sobrevivir. ¡Qué pregunta, para sueños estoy yo! –me responde con tono algo incómodo.

–No te enfades, Carlos. Te lo pregunto porque a veces ponerse una meta, encontrar alguna ilusión, hace que las cosas sean más fáciles –le explico.

–Bea, no sé si me has escuchado: no tengo ni el ánimo ni las ganas de soñar. El entorno y los resultados no acompañan. Me agota tu positivismo exacerbado, es como si vivieras en otro mundo. No te entiendo –me responde.

–Para nada, Carlos, vivo en el mismo planeta que tú, solo que trato de agarrarme a flotadores de esperanza, intentando encontrar algún sueño. Al menos a mí me funciona –le explico con dulzura.

–¡Pues será a ti! Cada uno interpretamos la realidad según nos va. Mira, no tengo el cuerpo para fiestas. Te dejo, que me están esperando. Hasta luego.

–Ok, Carlos. Bueno, anímate. Un saludo a tu mujer y otro para ti –le contesto.

Ni tan siquiera sé si ha llegado a oír mi despedida. ¡Qué horror, qué sensación de vacío! Es increíble. ¡Me siento tan mal! Solo pretendía darle algún argumento inspirador, que lograra animarle. ¡De desagradecidos está el mundo lleno!

Quizá ese es el problema, que pretendemos arreglar la vida de otros con nuestros consejos, con nuestras ideas. Pero vamos a ver, ¿quién me las había pedido? A veces damos consejos y sermoneamos cuando solo quieren que escuchemos.

Miro a la zona de las toallas y allí sigue mi hija jugando con su amiga. De pronto se me acerca el camarero y me dice:

–Yo tengo un sueño.

Me quedo sin palabras, se me para la respiración. No sé a qué viene esto. Ante la perplejidad, le hago una pregunta que me permita digerir el impacto.

–¿Cómo? –le pregunto.

–Perdona que escuchase la conversación: captó mi interés el hecho de que alguien se interesara por el sueño de otro. No es normal –me respondió.

Aún no sabía si me hablaba en serio o me estaba vacilando. Quizá por educación, por agradecimiento a su apreciación, pregunté:

–¿Cuál es tu sueño?

–Me encanta pintar. Me refiero a cuadros, recoger en un lienzo las sensaciones que me regalan las personas. Sin embargo, tengo dos hijos, mi mujer no puede trabajar y vive con nosotros mi padre. Tengo que hacer muchas horas para mantenerlos a todos.

Dudo si soltar mi sermón sobre todo es posible, no hay rival difícil... ¿Te suena? Pero de repente pienso: «¡a quién le importa!». Así que decido preguntarle:

–¿Tienes cuadros pintados por ti?

–Sí, claro –me responde con un brillo especial en los ojos.

–¿Los has compartido con alguien? –le pregunto.

–No, ¿quién querría verlos? ¿Y dónde exponerlos? –me responde encogiéndose de hombros.

–Pues mucha gente que valora el arte, la iniciativa... ¿Podrías traerlos aquí? –le pregunto.

–¿Dónde? ¿Al chiringuito? –me dice con cara de circunstancias.

–Claro, ¿qué lo impediría? –le respondo.

Una luz especial irradia sus ojos. Es un brillo que en muchas ocasiones veo en los ojos de Irene.

–Pues sí, ¿por qué no? Mañana traigo dos. ¿Vendrás a verlos? –me responde ilusionado.

–Claro que sí –le contesto.

Justo cuando respondo siento que el mundo se silencia, a la vez que un escalofrío me recorre la espalda. Miré alrededor y veo que todos los clientes están mirando hacia el mar. Apenas tengo tiempo de reaccionar. Me giro y veo una ola tan grande como una montaña que avanza hacia nosotros. Como una leona, brinco por encima de todo para coger a mi hija, que ya me busca con la mirada. La agarro, la abrazo y...

4. Sueño o realidad

¡Zas!, desperté, empapada de sudor. Uff, ¡ha sido un sueño! Corrí a la habitación de Irene y vi que dormía como un angelito. Vaya sueño. Miré el reloj. Las 05.12. Regresé a la cama tratando de descansar.

Empecé a recordar el sueño y las emociones que me había evocado. Di vueltas en la cama a cada uno de los pensamientos: ¿como poder ayudar, cuando no quieren ser ayudados? Así me dieron las 08.00 de la mañana. Decidí que lo mejor era ir a correr y hacer ejercicio a orillas del mar. Me sentaría bien. La verdad es que te lo recomiendo porque con cada latido, con cada gota de sudor, consigues suavizar el alma, o agotarla.

De nuevo, otro día de playa. La rutina de las vacaciones. Después del bañito y siendo las 13.00 horas ameritaba una cerveza en el chiringuito. Caminaba hacia allí cuando instintivamente miré en dirección al mar. No pude evitar tragarme un nudo al recordar mi sueño y aquella ola tan inmensa que vi. Así que decidí cambiar de opinión.

–Irene, cariño, hoy nos subimos antes a comer.

Subiendo al apartamento escuchamos un ruido atronador. Corrí a la terraza para ver qué pasaba. Era un accidente. Una avioneta de publicidad se había estrellado contra el chiringuito.

Me quedé sin habla, abracé a Irene con tanta fuerza que casi la hice daño. Incluso se quejó. De repente, los pensamientos se me fueron al camarero. ¿Estaría bien o realmente había sido un sueño?

Escuché las sirenas, bomberos y Policía. El humo y las llamas eran espectaculares, cortaron la calle. Horas más tarde decidí bajar y curiosear sobre lo sucedido. Afortunadamente solo había habido dos heridos leves, ya que la avioneta se estrelló metros antes. De repente entre las llamas, aún candentes del chiringuito, veo cómo intentaban recuperar unos cuadros que días antes no recordaba. ¿Serían los del camarero? ¿Había sido un sueño?

Seguí abrazada a mi hija un rato más mientras pensaba la importancia del instinto que nos había llevado a sobrevivir durante siglos y por qué nos empeñamos en no escucharlo. Pascal decía que el corazón tiene razones que la razón no tiene. Los niños deciden en base a lo que sucede, no a lo que podría suceder. Todos los días amanecen con ilusión.

Como dijo Bernard Shaw, «si has construido un castillo en el aire, no has perdido el tiempo, es allí donde debería estar. Ahora debes construir los cimientos debajo de él».

¡No dejes de soñar, aunque te pese la mochila!

8

Malas noticias
Juana María Gutiérrez Caballero
y Alberto Blázquez Manzano

1. El peso de una bata blanca

–Doctor, doctor, este paciente está convulsionando.

–¿Qué ha ocurrido?

–Decía que llevaba dos días con vómitos, diarreas constantes, dolores y espasmos musculares. Informa de que ha perdido mucho líquido.

–Rápido, cójanle una vía y apliquen suero fisiológico mientras continúo con el chequeo.

Uff, comienza una nueva batalla. Parece que se trata de un cuadro típico de gastroenteritis, pero no puedo fiarme. A veces se enmascaran otras cosas.

–Tráigame su historial, por favor.

–Sí, doctor, enseguida.

Son las 22.18 horas del viernes y me dispongo a hacer la guardia de 24 horas en la unidad de Urgencias. Me llamo Mario Figueiras y soy médico. Aunque llevo 23 años desempeñando esta labor, parece como si hubiera empezado ayer.

Cada día de trabajo es todo un reto. No sabes lo que puede pasar. Ha habido días en los que hemos tenido pacientes muy graves y que se han presentado prácticamente seguidos. Con los años me he dado cuenta de la importancia de controlar los síntomas y no pasar por alto ningún tipo de alteración. Ya se sabe, «el diablo se esconde en los pequeños detalles». Lo cierto es que trabajar en Urgencias me ha permitido afrontar los difíciles avatares de la vida con algo más de serenidad y sobre todo a distinguir mejor lo importante de lo urgente.

Hoy, no sé por qué, creo que va a suceder algo especial. Cuando me acercaba al hospital he visto una imagen desgarradora, justo enfrente de la puerta principal. Se trataba de una madre abrazada a sus dos hijos llorando. Es una escena que se repite casi a diario, ya que los pacientes que entran por Urgencias tienen riesgo de perder su vida. Lo cierto es que, al verlo, no pude evitar mirar hacia abajo, apretar los dientes y acelerar el paso deseando entrar en el vestuario para ponerme mi bata blanca. Aunque llevo muchos años en la profesión, no me termino de acostumbrar al hecho de ver el sufrimiento humano. A veces lo que para nosotros es un hecho banal para un paciente o familiar puede ser una situación trágica. Definir una mala noticia forma parte de cada uno.

Pues bien, mientras camino hacia el vestuario para cambiarme saludo a mi compañero Fernando, médico también de Urgencias que compartirá la guardia conmigo.

–Buenas noches, Fernando, ¿qué tal va la guardia?

–Bien Mario. Bueno, todo lo bien que podemos estar.

–¿Y eso? –le pregunto.

–Mira cómo está el servicio. Todos los *boxes* están llenos. ¡A ver cómo salimos! –termina resoplando.

–Vale, me cambio ahora mismo y empiezo a ver pacientes.

Todo cambia cuando entro por la puerta del hospital. Es como si estuvieras en otro mundo, donde las emociones y las situaciones traumáticas están a la orden del día. A veces pienso que es como una caja de Pandora que tratamos de mantener cerrada.

Después de la breve conversación con mi compañero parece que la noche promete, así que entro al vestuario, me pongo mi bata blanca y me dirijo al lavabo para esterilizarme todo lo posible. Mientras me seco con la toalla, me miro al espejo y me digo: «¡ánimo Mario, comienza el espectáculo!». Es mi pequeño momento de intimidad, cuando intento entrar en sintonía con mi trabajo, porque es un choque bastante fuerte venir de los problemas cotidianos y enfrentarte a verdaderos problemas.

Nada más salir del vestuario, Consuelo, una de las enfermeras de la unidad, me mira como si quisiera decirme: «¡Mario, échanos una mano, que no damos abasto!». Así que me dirijo al departamento de Administración, donde se centraliza toda la información. Pregunto al auxiliar y me da la documentación del primer paciente, el que os acabo de describir con un posible caso de gastroenteritis.

Tras estabilizar a este paciente la ronda continúa: apendicitis, cólico nefrítico y algunos cuadros de gastroenteritis más. Parece que el virus está haciendo de las suyas y ha contagiado a una buena parte de ciudadanos.

Mientras me dirijo a uno y otro box para atender a los pacientes, no puedo evitar observar sus caras cuando entro. Es una mezcla entre la llegada del mesías y un juez severo que otorgará un veredicto a veces no deseado.

Seguro que habrás escuchado el llamado «efecto bata blanca», ese por el cual los pacientes se ponen algo nerviosos por el significado de autoridad que conlleva. Sin embargo, para mí este efecto significa responsabilidad, mucha responsabilidad. Soy consciente de que trabajo con vidas humanas y un pequeño fallo puede ser fatal. Además, en los últimos años he podido comprobar la exigencia de los pacientes y familiares. No se permite ningún error. Tengo compañeros que se han visto involucrados en procesos legales por este motivo. Así que todo ello me hace tomar consciencia del elevado peso que supone llevar esta bata blanca.

2. Saber hacer y hacer saber

Son las 02.00 horas y parece que el ritmo ha bajado. Hemos atendido en torno a 30 casos y afortunadamente han sido de pronóstico leve o moderado. Solo hemos tenido que ingresar a diez pacientes, así que le digo a Fernando que voy a tomarme un café y descansar un momento, lo necesito. Me dirijo a nuestra sala de espera, donde tenemos un par de sillones, un pequeño frigorífico, una televisión algo antigua y la reina del lugar: la cafetera. Se podría decir que es un *loft* aunque de diseño algo distraído –o muy distraído, diría yo–. Llamo a la puerta y entro. Allí se encuentra Consuelo, mi compañera enfermera.

–Hola, Consuelo –le saludo con voz algo cansada.

–Buenas, Mario. ¡Vaya noche!, ¿verdad?

–Pues sí, hacía tiempo que no veía el servicio así –le respondo, dejándome caer en el sofá.

–¿Te apetece un café? –me pregunta.

–Sí, por favor. Si eres tan amable, te lo agradecería.

–¿Sabes, Mario? Estoy preocupada.

–¿Por qué, Consuelo?

–Porque esta mañana mi cuñada comenzó a contarme el estrés que tiene con los niños, la casa y mi hermano. La verdad es que quizá me pasé un poco cuando le dije que no se sabe organizar y que se bloquea por cualquier cosa.

–¿Te pidió consejo? –le pregunté a Consuelo.

–Pues no, imagino que quizá lo que quería era desahogarse.

–No todos estamos preparados para dar algunas noticias y quizá bastantes menos lo están para recibirlas –le respondí a Consuelo.

–¡Qué razón tienes, Mario! ¡Te has ganado el café! Creo que mañana por la mañana llamaré a mi cuñada y me disculparé. Quizá no eran ni el momento ni las formas.

Cuando estudié Medicina el enfoque predominante que recibí fue biomédico y, por tanto, algo carente en habilidades de comunicación. Como decían Rabow y McPhere, me considero un «clínico que me centro en aliviar el dolor físico al paciente, a veces su ansiedad y raramente el sufrimiento». Esta carencia me ha provocado cierta inseguridad y en lo posible he intentado evitar dar malas noticias. Sin embargo, forma parte de mi trabajo e intento hacerlo de la mejor manera posible. La experiencia y algunos cursos, congresos y jornadas me han permitido ganar seguridad.

Recuerdo una de las clases de la carrera en la que nos hablaban de las malas noticias. Nos decían que el propio Hipócrates aconsejaba «ocultar al paciente lo que puedas cuando le atiendas, darle las órdenes necesarias con alegría y serenidad, no revelarle al paciente nada relativo al estado presente o futuro de su enfermedad, pues muchos pacientes, al saber lo que les va a suceder, han pasado a estar peor». Hoy todo ha cambiado.

La forma en que se da la información influye mucho en la percepción que tienen el paciente o los familiares de su enfermedad. Con los años me he dado cuenta de que lo que buscan es que seamos honestos, que utilicemos un lenguaje sencillo, que respondamos a todas sus dudas y sobre todo que seamos certeros en el diagnóstico. Muchos pacientes y familiares tratan de encontrar cualquier atisbo de esperanza en nuestras palabras porque, como decía Julio Cortázar, «la esperanza le pertenece a la vida, es la vida misma defendiéndose». Sin embargo, es necesario recordar aquella otra frase de Nietzsche que decía: «la esperanza es el peor de los males, pues prolonga el tormento del hombre».

3. Un paciente inesperado

Mientras saboreaba el delicioso café de las 02.00, como los ingleses con el té pero con los horarios cambiados, decidí revisar el último historial del paciente que atendí. De repente empecé a escuchar un cierto revuelo en el pasillo. Salí rápidamente para ver qué pasaba. Se trataba de un nuevo paciente que acababa de entrar en urgencias. Por el estado en el que se encontraba, deduje que se trataba de un accidente de tráfico. Varón, unos 70 años y, si no fuera por las heridas en la cabeza, se podría decir que se trataba de alguien saludable.

Rápidamente me incorporé al equipo médico junto a Fernando y comenzamos el protocolo establecido para estos casos. Mientras asegurábamos la zona cervical para evitar otras lesiones comenzamos a chequear sus constantes vitales. Todo estaba descompensado y el paciente no respondía a los estímulos, había entrado en coma. «¡Mala señal!», me dije.

En algo más de una hora, el paciente se encontraba en la uci con respiración asistida y las constantes vitales parecían estabilizarse.

Por alguna extraña razón, subí a consultar el estado de este paciente a los compañeros de Cuidados Intensivos. Entré en la habitación y revisé las pruebas que le habían practicado hasta el momento. Fue ahí cuando me di cuenta de que ese rostro me era familiar. «¡No puede ser! –me dije–. ¡Es el doctor Juan Fabiano!». Era mi profesor de la facultad y quien más me influyó durante la carrera de Medicina. Lógicamente, con las lesiones que tenía, me había costado reconocerle. ¡Díos mío, era mi profesor!

De repente experimenté un *flashback* que me hizo situarme en la época de estudiante. Comencé a recordar algunas de sus frases estrella. ¡Qué razón tenía! Siempre estaba dispuesto a ayudar. Era extraño no escucharle decir «¿en qué puedo ayudarte?». Aún me acuerdo de su primera clase. Todos esperábamos una presentación estelar, ya que nos habían hablado maravillas de él; que si había estado en los mejores hospitales de Estados Unidos, que si había trabajado con los grandes investigadores... Y, sin embargo, entró con calma y nos dijo:

>   –Buenos días a todos. Hoy comenzamos una nueva asignatura. Ustedes serán futuros médicos y jamás deben olvidar que su labor se realizará por, para y con las personas. Seguro que habrán escuchado muchas cosas de mí, ¿verdad? Pues bien, quiero decirles que soy lo que veis gracias a mi currículo emocional.

En ese momento nos miramos todos extrañados.

–Sí, queridos alumnos. La universidad os informa y la vida os forma. Con 10 años perdí a mi padre en un accidente y con 14 a mi madre, de cáncer. Luchar y no rendirse ha sido parte de mi vida. No olviden nunca que lo más importante no son las veces que te caigas, sino cómo te levantes.

Aquellas palabras me produjeron un profundo escalofrío. Me habían descolocado. Esperaba alguien quizá vanidoso por sus éxitos profesionales y, sin embargo, me encontré con una persona sencilla que trataba de llenarnos con frases de reflexión nuestra mochila de emociones. En esta profesión se viven sentimientos muy fuertes y saber gestionarlos es parte del éxito profesional.

Mientras chequeaba las constantes vitales, hubo un momento en que me quedé solo en la habitación. Entonces tomé consciencia de aquellas palabras que siempre repetía: «somos personas, tratamos a personas». Así que no pude evitar cogerle la mano y decirle: «gracias, profesor». Fueron dos segundos, pero con una carga emocional importante. Ahí entendí que sería bueno que fuera yo mismo quien informara a su familiar, con permiso de mis compañeros. Así que respiré hondo y mirándole nuevamente le dije: «intentaré hacerlo lo mejor posible».

Bajando por el ascensor sentí una extraña sensación, mezcla entre la debilidad emocional y el deber aséptico de la profesión, que a veces nos hace ser algo fríos. «¡Recuerda que también eres persona, Mario!», me dije. Quizá era la manera que tuve de convencerme de que aquella reacción también era normal. Como decía Jorge Bucay, «no somos responsables de nuestras emociones, pero sí de lo que hacemos con ellas».

4. Diciendo lo que no quieres escuchar

Bajando por el ascensor pedí que avisaran a los familiares del paciente Juan Fabiano. Sabía que lo primero que tenía que hacer, además de reunir la máxima información sobre el paciente, era buscar un entorno seguro que garantizase la privacidad. En muchas ocasiones los compañeros entran en consulta casi sin llamar, algo que, de alguna manera, intimida en parte a los pacientes, ya que la relación emocional la hacen contigo, no con otro profesional al que seguramente no conocen. Por ello, seleccioné la consulta de mi compañero pediatra, que no tiene citas hasta el lunes. Sé que este entorno con muñecos, fotos de bebés y demás provoca un ambiente algo más tierno. Consuelo, la enfermera, me indicó que la mujer del paciente se encontraba en la sala de espera.

–¿Cómo se llama la señora? –le pregunté a Consuelo.

–Creo que me ha dicho Carmen, doctor Figueiras.

Para trasladarle al familiar la sensación de privacidad, me dirigí hacia ella al tiempo que le decía a la enfermera:

–Por favor, Consuelo, deseo que no nos molesten el tiempo que estemos en la consulta.

–De acuerdo, doctor Figueiras, no se preocupe –me respondió.

Con los años he aprendido la importancia del lenguaje corporal a la hora de comunicarme. Cuando vi levantarse a Carmen era fácil deducir que se trataba de una mujer derrotada. Su forma de caminar, sus ojos llorosos mirando al suelo, las manos sujetando un pañuelo me informaban de que debería tener tacto, mucho tacto a la hora de comunicarle el estado de su marido, mi mentor. Por ello, en el mismo momento en que le hice pasar sabía que debía minimizar las barreras psicológicas que existían en la sala. Retiré el material de la mesa y procedí a cerrar la puerta en señal de privacidad. Regresé tranquilamente, intentando transmitir que todo mi tiempo sería destinado para ella. Antes de sentarme, le tendí la mano para saludarla, mirándola a los ojos, llamándola por su nombre e iniciando así una sintonía emocional. Sus manos, algo temblorosas, se fusionaron con mis grandes manos y durante algunos segundos un silencio inundó la sala al tiempo que le dedicaba una mirada honesta mientras que le preguntaba:

–¿Cómo se encuentra, Carmen?

–Derrotada, doctor, no sé que voy a hacer.

–Tranquila mujer, vamos a intentar ver todo. Este es nuestro tiempo, ¿de acuerdo?

–Sí –contestó Carmen con voz tenue y asintiendo con la cabeza.

Tras este momento de acercamiento me senté en la silla y ordené tranquilamente y de forma transparente la documentación que traía. Tenía claro que ante cualquier posible pregunta debía mantener mi mirada en sus ojos para mostrar la máxima atención. Y cuando me comunicara con ella debería hacerlo mostrando las palmas de las manos en signo de confianza. Recordé que cuando somos niños nos gusta que nos anticipen lo que va a pasar o de lo que vamos a hablar, minimizando así la incertidumbre. Elevé mi mirada y le pregunté:

–Carmen, ¿conoce usted el estado de su marido?

–Pues que está en coma y que posiblemente quedará parapléjico. Creo que no podré aguantarlo, doctor.

–Bueno, Carmen, si le parece vamos a explicar lo que hemos hecho hasta ahora y en qué punto estamos. Todas las dudas que tenga, puede exponerlas sin ningún miedo. Alguna palabra que no entienda me lo hace saber. Incluso si más adelante le surgiesen, yo estaré todo el día de hoy por aquí. Y si no, alguno de mis compañeros le atenderá, ¿le parece bien?

–Sí, doctor, gracias.

–Bien, antes de nada, Carmen, quería saber si usted desea conocer toda la información del diagnóstico, tratamiento y pronóstico de su marido.

–Eh... No sé, doctor, no sé si estoy preparada para escuchar –me responde mientras se limpia con un pañuelo los ojos llorosos.

–Bueno, tranquila, Carmen. Vamos a hacer una cosa.

–¿Qué, doctor? –me pregunta.

–Voy a ir contándole los resultados que tenemos hasta este momento y cuando no desee más detalles, me dice que pasemos al tratamiento, por ejemplo, ¿le parece?

–Sí, así mejor, doctor.

–Bueno, pues Juan llegó aquí con un traumatismo craneoencefálico grave, producido probablemente por el impacto con el volante, ya que al parecer el *airbag* del coche no saltó.

En ese momento, Carmen reaccionó.

–Esa es otra, doctor. Mira que el coche tiene tres años y nos lo compramos para ir seguros y ahora que realmente tenía que responder, no lo hace. Tengo mucha rabia, doctor. Se va a enterar el concesionario –me responde con cólera–. Bueno, perdóneme doctor, estoy algo nerviosa. Entiendo que este tema no toca ahora.

–No, para nada, Carmen. Exprese sus emociones. Entiendo que no es un momento fácil y es necesario que manifestemos lo que pensamos y sentimos. ¡Somos personas! Bien, continúo si le parece. Juan se encuentra ahora mismo en la Unidad de Cuidados Intensivos, con ventilación mecánica, ya que cuando llegó al hospital entró en coma. Se encuentra estable. Hasta el momento las pruebas realizadas muestran dos coágulos en el cerebro y eso ahora es lo que más preocupa. Vamos a intentar disolverlos con fármacos y en caso contrario intervendríamos quirúrgicamente, ya que, si taponan algún vaso sanguíneo, pueden afectar a alguna zona del cerebro.

–Sí, doctor, pero, ¿se quedará parapléjico? –me preguntó.

–Carmen, ¿qué le preocupa?

–Es que... ¡teníamos tantos planes juntos! Todo una vida dedicada al trabajo y ahora que comenzábamos a disfrutar de nuestros nietos... Hoy mismo habíamos sacado los billetes para hacer un crucero. Nunca habíamos ido a ninguno y le hacía mucha ilusión. ¡No es justo!

–Entiendo, Carmen. ¿Tiene alguna ayuda o familiar que pueda acompañarle?

–No, mis dos hijos trabajan lejos de aquí y tienen sus respectivas familias. No me gustaría implicarlos en una situación de este tipo, ya tienen bastante.

–¿Les ha contado algo de lo sucedido? –le pregunté para seguir indagando.

–Eh... bueno, sí. Les he dicho que su padre ha tenido un accidente y que está en observación. No les he querido decir más, para no preocuparles en exceso. Vienen ahora de camino y cuando estén aquí les diré todo.

–Comprendo, Carmen. Si no me equivoco, lo que más le preocupa son las secuelas que puedan producirse y las repercusiones familiares que pueda conllevar. Si le parece, mis compañeras del servicio de Atención al Paciente podrían indicarle los recursos que están a su disposición en estos casos.

–Sí, es eso, pero también me preocupa cuánto va a durar todo esto.

–Carmen, entienda que Juan acaba de ingresar en la uci y que en los próximos días tenemos que ver cómo evoluciona. Por nuestra parte, seguimos haciendo pruebas para descartar otros posibles daños y vigilando los dos coágulos que tiene. Le iremos informando de los pasos que vayamos dando y si le parece el lunes entro a las 22.00 horas nuevamente y vemos su evolución. ¿Conoce los horarios de visita de la uci?

–Sí, doctor, ya me ha informado su compañera de todo.

–¿Tiene alguna duda de lo explicado o quiere preguntar cualquier otra cosa? –le insistí.

–Ahora mismo lo único que deseo es ver a Juan.

–De acuerdo. Como le habrán comentado, las visitas en la uci son restringidas y en estos momentos su marido tiene un gran aparataje alrededor que impresiona. Debe estar preparada para ese momento.

–Sí, doctor, intentaré ser fuerte –me respondió mientras se limpiaba los ojos.

–Entonces quedamos así. No obstante, ahora mi compañera le informará de los recursos de que dispone el hospital para estos casos. Puede venirle bien si lo desea.

–Gracias, doctor.

Acompañé a la señora a la puerta de la consulta y le indiqué a Consuelo que le informara del servicio de Atención al Paciente. Creo que Carmen, después de la consulta, estaba algo más tranquila.

La verdad es que recuerdo como si fuera ayer aquel congreso sobre la comunicación médico-paciente en el que nos enseñaron las claves para dar las malas noticias, claves que el profesor Baile trasladó a la comunidad científica. Se resumió en las siglas: EPICEE (entorno, percepción, invitación, conocimiento, empatía y estrategia). Entorno, porque estas noticias deben darse en un lugar privado. Percepción, porque se requiere conocer lo que sabe la otra persona sobre el tema en cuestión. Invitación, porque debemos preguntar siempre hasta dónde quiere saber la persona sobre la noticia. Conocimiento, la fase en la que se explica de forma sencilla la información y se aclaran las dudas. Empatía, como actitud general que debe guiar todos los pasos y fase en que se explora y trata de entenderse las emociones de la otra persona. Estrategia, pensada para minimizar la sensación de soledad o incertidumbre fruto del choque emocional y que requiere reformular y resumir lo hablado, además de diseñar un plan de acción y seguimiento.

Decía Nietzsche que «no hay razón para buscar el sufrimiento, pero si este llega y trata de meterse en tu vida, no temas; míralo a la cara y con la frente bien levantada».

Son las 21.50 horas y parece que el servicio de Urgencias está en relativa calma. Acaba de llegar mi compañero para relevarme. Quiero hablar con él. Simplemente, pedirle el favor de que me tenga informado de este paciente tan especial para mí.

En el vestuario inicio mi ritual y pequeño momento de intimidad. Me lavo las manos y la cara y me miro al espejo. «¡Has dado todo lo que podías, Mario!», me digo a mí mismo. Me quito la bata blanca y siento liberación. Ahora me espera mi otra vida.

Hoy he aprendido que no existen recetas. Cada paciente o familiar te marca el camino de la información. La negación es un recurso que utiliza la mente ante el *shock* que suponen noticias desagradables y no podemos caer en la tentación de que se convierta en un obstáculo para los profesionales a la hora de dar la información. Sé que debo informar de todo, pero de una forma dosificada, respetando la ambivalencia emocional del paciente o familiar.

Son las 23.00 horas y llegando a casa recibo el siguiente mensaje de los compañeros de la uci en mi móvil: «doctor Figueiras, paciente saliendo del coma, comienza a responder a los estímulos». Es la mejor noticia del día, sin duda.

Como decía Kennedy, «cada vez que un hombre defiende un ideal, actúa para mejorar la suerte de otros o lucha contra una injusticia transmite una onda de diminuta esperanza».

9

Donde digo sí, quiero decir no
María Langa Ramos y Alberto Blázquez Manzano

1. El precio de agradar

–¿Cuánto cuesta esto, señorita?

–Son 89 euros y de regalo un lote de cartuchos de tinta.

–¡Ah!, bueno, me lo voy a pensar.

–Muy bien, caballero.

Como has podido intuir, me dedico a la venta. Soy vendedora en unos grandes almacenes, sección ordenadores. Sueldo fijo más comisión. Me llamo Marta y llevo 17 años en la misma empresa, en el mismo departamento. La verdad es que estoy encantada.

Trabajo a 20 kilómetros de mi casa. Cojo el coche todos los días. Hoy me llevo el de mi hija mayor. Ayer se quedó sin gasolina y, como no me importa, aprovecho y de camino le lleno el depósito. Entro a trabajar a las 10.00 de la mañana. Hoy he salido un poco antes, a las 08.00, porque mi marido me ha pedido que me pase primero por el banco para hacer un traspaso a su plan de pensiones.

Te confieso que no me gusta demasiado ir a los bancos, pero como hay que ir no me lo planteo. ¡Debo ir y punto! Entro por la puerta y el detector de metales me pide que me deshaga de todo lo que llevo encima. ¡Qué coraje!

Como es verano, agosto en particular, no hay nadie, así que me dirijo con mis cartillas del banco inmediatamente a una de las mesas de atención al público.

–Buenos días, vengo a traspasar 500 euros de la cuenta corriente al plan de pensiones de mi marido –le explico al cajero, tendiéndole las dos cartillas.

–Perfecto –me sonríe tomándolas y empezando a operar con el ordenador para actualizar ambas cartillas. La operación dura apenas cinco minutos.

–¡Marta! –me sonríe plácidamente–. ¿Te puedo sugerir un par de inversiones muy rentables adaptadas totalmente a tu perfil?

–Bueno, es que yo… tengo que irme a…

Sin dejarme terminar la frase me explica la compra de unos valores en los que solo tendría que invertir un par de miles de euros a un interés del 2% TAE.

–Bueno… muchas gracias por la información, lo comentaré con mi marido y si estamos interesados mañana me paso para confirmárselo.

Ya me estoy poniendo nerviosa, ¡qué manía tienen los bancos de ofrecerte siempre algo más de lo que necesitas realmente! Y mira que en mi trabajo me lo exigen, pero cuando lo he hecho mis argumentos no convencerían ni a una tortuga. Mientras me giro para marcharme, el señor del banco me dice:

–No puede ser Marta, la venta de estos valores concluye hoy. No te preocupes, tardamos tres minutos en hacerlo y de verdad que, como te he comentado, es una inversión segura –sonríe decidido, aún más que antes.

–Bueno... eh... no sé –dudo ante este mensaje.

–¡Claro, mujer! Menuda alegría le va a dar a su marido. Además se le ve a usted buena gente –continúa.

Salgo del banco con el traspaso de mi marido y la inversión de 2.000 euros en unas acciones al 2% que no me he enterado muy bien de cómo funcionan. Por favor, no pienses que soy tonta, es que yo y la realidad económica nunca hemos sido muy buenas amigas. Aún a día de hoy, después de haberme leído toda la actualidad económica del IBEX, del señor euríbor y su prima de riesgo, no sé de lo que van. Pero de verdad que me gustaría, ya que todo el mundo habla de ellos y entiendo que, si hablan, será con conocimiento. Supuestamente, por lo que tengo entendido, son los tres grandes problemas hoy en día. Bueno, no divago más... que al final llego tarde a trabajar.

Son las 09.20, entro en el aparcamiento de mi centro comercial. Hoy tenía que llegar un poco antes para abrir caja y disponer todo para la apertura. No me toca a mí, pero ayer Marcial, mi compañero, me dijo que si podía hacerlo por él. Creo que iba a salir a tomarse unas copas o algo así.

A lo lejos atisbo la única plaza de aparcamiento que queda. «¡Es mía!», me digo. Brinco en el asiento repleta de felicidad, ya que esto es algo complicado a estas horas. De repente el coche que viene detrás de mí me da dos ráfagas con las luces largas. Me asomo por la ventanilla.

–Hola, buenos días –digo sin reconocer al ocupante del vehículo.

–Perdone, perdone, perdone. Por favor, déjeme que aparque ahí, que tengo muchísima prisa –me dice un hombre bastante agobiado.

–No se preocupe, está bien –le sonrío.

–Muchas gracias, es usted muy amable –me contesta el señor.

Sigo conduciendo y consigo aparcar en la otra punta del garaje. Apago el motor y salgo disparada hacia mi entrada de personal, situada a unos 600 metros de distancia. ¡Madre mía, son las 09.30! Ya debería estar arriba.

Por fin llego, no hay nadie. Como termino en diez minutos de poner a punto la caja, voy encendiendo los ordenadores, tarea que suele hacer Marcial.

–Buenos días. Las diez en punto –dice Marcial totalmente relajado–. ¡Anda, qué bien! ¡Ya has encendido tú los ordenadores!

–Sí, no te preocupes –le sonrío.

A lo mejor cuando te he dicho que era agosto, habrás dado por hecho que la gente en agosto debería estar de vacaciones. Yo este año me he ido a principios de junio. Me tocaba elegir a mí la primera, pero Marcial, como tiene dos niños pequeños, me preguntó si no me importaba cambiárselo y... ¡qué le iba a decir! Mis hijos ya son muy mayores y tampoco tengo una necesidad imperiosa. Aunque, ahora que lo pienso, creo que llevo unos seis años sin ver un agosto en la playa.

Tal vez leyendo hasta aquí esta historia, que no deja de ser mi vida, pienses que soy muy inocente. No te lo reprocho, yo me lo repito cada vez que no le digo un no rotundo a alguien. Pero es que no me salen, me siento incapaz.

Hoy, por ejemplo, cuando estaba en la ducha, me sentía profundamente enojada por este motivo. Y luego el tema del banco; por no decir lo de echar la gasolina al coche de mi hija Sara, o encenderle los ordenadores a Marcial. Buff, a veces pienso que soy tonta, sí. Bueno no, a veces no, constantemente.

¿Qué será lo siguiente que me pida el día? La verdad es que después de tantos años así no me planteo que algo pueda ser diferente. No soy feliz, pero he llegado a asumirlo: es lo que se espera de mí. Te puedo asegurar que no era así, las experiencias vitales van moldeando tu forma de ser cada día. Antes era una persona normal pero a costa de empezar a dar más importancia a los sentimientos de los otros que a los míos propios me he vuelto… ¿cómo diría yo? ¿Demasiado simpática, condescendiente? No, creo que simplemente tonta.

Cuando pienso por qué me cuesta tanto creo que es porque no deseo hacer sentir mal a la otra persona o generar un conflicto. También porque, en parte, tengo miedo a no ser aceptada y no cumplir las expectativas. Vamos, que he llegado a acostumbrarme tanto que tengo la sensación de no permitirme negarme a nada.

Sé que no me entenderás pero es que... ¡me cuesta tanto! A veces no sé ni lo que quiero y lo peor es que tengo que hacer frente a las consecuencias de ese sí constante. La verdad es que estoy agotada de tanta sobrecarga de peticiones, fechas, compromisos. Porque digo yo, ¿por qué tengo que ir a la boda del amigo de un compañero de trabajo de mi marido? Si es que no me apetece, no conozco a nadie.

2. El periódico es mío

Bueno, voy a tomarme un café, a ver si se me pasa el enfado. Me acerco a la cafetería de enfrente en mis quince minutos de descanso, algo que tenemos pactado los compañeros. ¡Imagínate si lo tuviera que pedir! Vamos, que no desayuno. Vaya, otro «no» que he dicho, ¡qué rabia!

Voy a pedir mi café. ¿Te apetece uno? Como me digas que sí te acabaré invitando, ya lo verás.

–Camarero, por favor, un café con leche y una tostada con aceite y tomate.

–¡Enseguida, señorita! –me responde.

Cojo el periódico, al tiempo que un señor se acerca y me pregunta:

–¿Ha terminado con el periódico?

–Eh... eh... eh... bueno sí, tome usted.

–Muchas gracias, señorita, muy amable.

Brrrrr... ¡pero bueno, si era mi momento! Con lo que disfruto leyendo el periódico mientras saboreo ese café calentito y recién hecho... ¡Ya la he fastidiado otra vez! Bueno, por lo menos me ha dicho que soy muy amable. Seguro que habrá pensado que soy generosa y buena persona. Esto me tranquiliza.

Mientras me sirven el desayuno y sin nada que leer, intento buscar un lugar donde mirar. Así que como si fuera una antena parabólica me dedico a observar a mi alrededor y ver la fauna y flora que frecuenta la cafetería. Unos ejecutivos por allí, tres chicas jóvenes con los apuntes encima de la mesa, dos señores con un mono de obra puesto, un abuelo de estos con pañuelo en el cuello y bien vestido leyendo el diario deportivo… ¡Qué gracia el abuelo! ¡Anda que a este le van a quitar el periódico!

Después de mi ruta panorámica por la selva matinal que convive en una cafetería, me deleito con mi primer sorbo de café. Ummh... ¡delicioso! En este momento un señor joven de unos 30 y tantos se dirige al abuelo muy decidido. Este va a pedirle el periódico, ya lo verás.

   –Caballero, ¿ha terminado? –le pregunta el joven.

   –Aún no, me queda más de la mitad. Pero no se preocupe, que en cuanto termine, si usted sigue por aquí, se lo haré saber.

   –Muy bien, muchas gracias.

¡Toma ya, el abuelo! Vamos que le ha dicho que no y encima ha quedado de simpático. En fin, lo que hace la experiencia.

Continúo con mi café y mi tostada cuando entra otro señor en la cafetería. Tiene unos 50 años, con chaqueta y corbata. Este seguro que es director de banco. Se acerca a la barra, pide un café, mira a ambos lados y se fija en el abuelo. Allá va, este incauto va a pedirle el periódico también.

   –Caballero, ¿ha terminado ya? –pregunta.

   –Aún no, pero aquel caballero me lo ha pedido primero –contesta el abuelo.

   –¡Buff, algunos se creen que el periódico es suyo! –responde el señor en voz baja mientras se gira y regresa a la barra de la cafetería.

–¡Perdone! –le contesta el abuelo.

Madre mía, madre mía, ¡se va a liar! Esto es genial, estoy como en una película. Sshh, guarda silencio a ver si me entero cómo termina este culebrón que podría titularse *El periódico es mío.*

–¿Se ha molestado usted? –le pregunta educadamente el abuelo.

–Un poco, porque estos periódicos son para verlos rápido y que otros clientes también puedan leerlos. ¡Hay mucha gente que se cree que el periódico es suyo! –le responde con un tono algo subidito.

–Mire usted, caballero. Entiendo que desee leerlo, igual que otros clientes de aquí y en el momento en que usted lo desea, pero entienda que mi tiempo vale tanto como el suyo. Sencillamente le digo que me quedan por leer tres páginas y que aquel señor lo pidió antes. Por tanto es a aquel señor al que debe usted pedir la vez, ya que mi compromiso es con él, no con usted.

Toma, toma, toma, ¡qué respuesta! ¡Qué seguridad en lo que dice y con qué tono de elegancia! Vamos, que para mí tendría el Oscar a la mejor interpretación.

Tras la respuesta del abuelo, el señor se gira con cara de pocos amigos. Regresa a la barra y se toma el café rápidamente. Por supuesto, ni se ha dignado acercarse al otro señor a pedirle la vez para el periódico. El orgullo ante todo.

3. Ahora va a ser que no

¡Qué experiencia acabo de vivir en la cafetería! ¡Qué gusto da ver gente tan segura! La verdad es que me gustaría tanto parecerme a él en lugar de que, cuando me piden las cosas, me cueste tanto decir que no.

Caminando hacia la tienda no dejo de dar vueltas a la escena. Repaso todas y cada una de las palabras del abuelo. Me ha impactado mucho la frase que ha dicho: «mi tiempo vale tanto como el suyo». Es verdad, yo siempre tengo la sensación de que mi tiempo es de dominio público y que vale más bien poco. ¡Qué curioso!

El abuelo ha empezado diciéndole con educación que entendía su deseo, pero que le quedaban tres hojas para finalizar. Y sobre todo me ha llamado la atención que en la respuesta no he escuchado un «lo siento». Seguro que en mi caso me hubiera sentido tan mal, tan mal, tan mal de no podérselo dar en ese momento, que le estaría repitiendo o casi rogando: «¡por favor, no te lo tomes a mal! ¡Yo no soy así! ¡Discúlpame, soy buena persona, de verdad!».

Eh, eh, ¡stop! ¿Y yo qué? Aquí nadie habla de mí, ni siquiera yo. Porque la sensación de sentirte como un trapo que todo el mundo utiliza no me la quita nadie. Y, claro, con un «¡qué buena eres!» ya me tienen ganada.

Cruzando el paso de peatones que está justo enfrente de la tienda veo una escena curiosa. Un matrimonio de unos 30 años está riñendo a su hijo de unos 3 añitos:

—Manuel, ¡qué malo eres! Siempre estás montando alguna —le dice el padre sujetando al niño bruscamente.

—Luis, no tienes por qué calificarlo así, se trata de una travesura. Corrígele la conducta, pero no le etiquetes —le dice la mujer al marido.

¡Curiosa escena! Se me ha grabado la frase: «no le etiquetes». La verdad es que se puede decir que mi vida está plagada de etiquetas. De pequeña era «Martita la tontita» y ahora de mayor sería… Y, para colmo, una de mis tareas es etiquetar precios a los productos de informática. ¡Qué rabia! Recuerdo ahora un programa de televisión donde un contertulio comentaba lo nefasto que es etiquetar a las personas y que somos nosotros mismos los que lo hacemos con nosotros mismos a menudo. El señor continuaba diciendo que hay que entender claramente nuestras conductas como lo que son: acciones externas que pueden ser más o menos acertadas.

«Vamos a ver, Marta –continúo con mi diálogo interior–: decir «no» no tiene por qué significar que estés rechazando a la persona que te ha pedido algo. Simplemente le estás diciendo que no es el momento adecuado para ti». Anda, ahora empiezo a entender. Pero, ¡si mis clientes me lo dicen todos los días! Me repiten: «¡me lo pensaré! ¡Otro día que venga!», aunque en el fondo ambos sepamos que va a ser que no. Es una forma de ganar tiempo y a la vez preparar a la otra persona para una posible negativa.

Leí una vez en un libro de Cheryl Richardson que para decir «no» no hace falta dar tantas explicaciones. Que yo sepa, cuando dices que sí se dan más bien pocas. Y si cuando dices que no, además agradeces que piensen en ti pero que en ese momento es imposible porque estás muy ocupada y encima concluyes que esperas que todo salga bien, quedas como una reina.

Uy, uy, uy, que estoy empezando a entender muchas cosas. Porque claro, cuando mi cuñada viene con mi sobrino y me lo deja al cuidado para que ella haga la compra, cuando le digo sí, estoy diciendo no a otras cosas de mi vida. Sencillamente estoy diciendo no, pero la elección escogida creo que es la menos acertada.

Sabes lo que te digo, ¡que voy a empezar a ponerlo en práctica! Va a ser con el caradura de mi compañero. Que si hoy me voy antes para recoger el pan, que si hoy vienen mis cuñados, que si esta noche cenita con los amigos... Y yo como una tonta, a cerrar la tienda y a quedarme más tiempo porque tengo que recoger sola. Pues mira, antes de que me suelte una excusa hoy, me voy a adelantar.

Entro en la tienda decidida y recordando las cientos de veces que me he tenido que quedar recogiendo con un enfado monumental conmigo misma y maldiciendo a mi compañero. Allá voy, ahí está Marcial. Respiro hondo.

–Oye, Marcial.

–Dime, Marta –me responde.

–Hoy voy a salir quince minutos antes –le digo mirándole a los ojos, decidida.

–¡Vaya! Hoy tengo una comida especial y necesitaba salir antes –me contesta él muy fresco.

–Lo entiendo, pero tendremos que buscar una solución porque el motivo de salir antes es porque también tengo comida especial y necesito llegar antes para prepararla –le respondo.

–Bueno, pero, ¿no te da tiempo, si sales a las 14.00 horas? ¿Qué vas a adelantar saliendo antes? –me responde.

En ese momento un calor me empieza a recorrer el cuerpo. ¡Qué cara más dura tiene! Y yo que, al igual que él, le estoy diciendo que es especial y sigue yendo a lo suyo. Pues hoy se va a enterar.

–Marcial, imagino que adelantaré el mismo tiempo que tú saliendo antes –le contesto con los ojos clavados en su cara.

–Venga, Marta, si tú eres un rayo preparando las cosas, te da tiempo de sobra –me contesta.

«Ja,ja, ¡te pillé! –continúo con mi diálogo interior– ahora me viene con adulaciones. Éste se cree que me va a convencer. ¡Pues menudo enfado tengo por dentro! Que no, que no y que no». Oye, qué bien suena esto. Me acuerdo del abuelo de la cafetería, de su elegancia y de su seguridad a la hora de hablar.

–Lo siento Marcial, agradezco tu amabilidad, pero creo que tu tiempo y el mío tienen el mismo valor. Además, durante muchos años me ha tocado recoger la tienda a mí sola. Creo que es el momento de que lleguemos a un acuerdo sobre este tema, ya que... ¡a mí también me gusta salir antes del trabajo y estar con mi familia! Además, creo que eres una persona muy sensata y responsable y que sabes entender lo que te digo. Te propongo que nos turnemos y que como máximo elijamos un día para salir quince minutos antes. Recuerda que si el jefe viene por aquí y no nos ve a ninguno de nosotros no le va a gustar.

–Eh, eh, no, pero si no hace falta, Marta. Bueno, sal tú antes hoy y ya vamos viendo –me responde.

–Insisto, creo que debemos aclarar este tema. Ayer y antes de ayer me quedé yo cerrando la tienda. Estimo justo que hoy me toque a mí salir antes y que la semana que viene respetemos este acuerdo por el bien de todos –le respondo muy segura.

–Buff, ¡está bien! Yo me quedo hoy y la semana que viene ya acordamos qué día cogemos –me contesta algo cabizbajo.

–Muy bien, pues a trabajar, compañero.

Martita, ¡lo has conseguido! Un golazo por toda la escuadra. Se me ha resistido, pero la imagen del abuelo de la cafetería me ha enseñado que debía persistir. Sé que me he adelantado y quien da primero da dos veces. Y encima, de paso, se ha acabado tanto abuso. ¡Mi tiempo es tan importante como el suyo! Ah, por cierto, no te he dicho, la comida que le he dicho a Marcial que tenía es de verdad. Hoy he decidido celebrar que existo y que tengo derecho a disfrutar como cualquiera. Por cierto, disculpa, se me olvida decirle algo a Marcial:

–Marcial...

–¿Qué quieres? –me responde con seriedad.

–Ven, que te ponga bien esa corbata. Que esa comida tan especial que vas a disfrutar merece ver al Marcial más guapo.

–¡Ah, muchas gracias, Marta! ¡Siempre tan detallista!

Decía John Ruskin que «el que tiene la verdad en el corazón, no debe temer jamás que a su lengua le falte fuerza de persuasión».

10

Decisión irrevocable
Ana Cristina Domínguez

1. Y yo con estos pelos

«¡Dios mío, qué ojeras tienes, María Jesús! ¡Pareces un oso panda!», me digo mientras mi miro al espejo recién levantada. Y encima hoy vienen los jefes europeos. ¡Qué van a pensar cuando me vean con estos pelos!

Los ronquidos suaves de mi marido en la habitación me recuerdan que he pasado una noche toledana. He dado vueltas y vueltas como una peonza repasando la presentación que tengo que hacer. He revisado cada coma, cada punto; incluso le he pasado el corrector ortográfico en mis sueños.

«¡Déjate de chorradas y date prisa!», me repito una y otra vez. Tienes que cruzar Madrid hasta la oficina y como llegues tarde al director general le dará un pasmo. Es como si lo viese diciéndome mil veces: «en el transporte urgente vendemos puntualidad».

¡Madre mía, que no llego! Bolso, llaves, móvil, maletín y ninguna gana de ir a la oficina. ¡Cómo odio las reuniones para revisar el estado de cuentas de la empresa!

Con tanta prisa no me ha dado tiempo a presentarme. Soy María Jesús Revuelta, tengo 34 años y trabajo como directora de Recursos Humanos de una empresa de transporte urgente.

Hoy revisamos el negocio con los jefes que vienen de la central europea. Es la reunión trimestral y las cosas no van nada bien. Los costes siguen tozudamente creciendo y los beneficios parece que están de vacaciones. El ambiente en el comité ejecutivo es de tensa espera. Todos nos miramos con la sensación que algo va a pasar pero no queremos reconocerlo; preferimos hacer cada uno lo suyo y cruzar los dedos.

Parece que la reunión no pinta nada bien. Anoche en la cena el director regional europeo –vamos, el jefazo–, no hizo sus bromas habituales tan americanas. Estuvo casi todo el tiempo cuchicheando con mi jefe, que mantenía la vista pegada al rape al horno y solo asentía con la cabeza.

¡No puedo con las cenas de trabajo! Curro de sol a sol y durante los pocos minutos que me quedan al día prefiero convertirme en un ser mononeuronal en mi sofá. ¡Menos mal que mi chico es un bendito! El pobre ya me conoció tarada. Imagínate si encima tuviera que gestionar los morros de mi pareja por llegar tarde. Vamos, que mando a freír espárragos la carrera profesional y el mito de *superwoman*, todo en uno.

Entro en la sala de reuniones y me dirijo a mi sitio. Ahí se encuentra Luis, el director de Marketing, que está contando un chiste muy gracioso y consigue arrancarme una carcajada. En ese momento me viene a la mente aquella frase del dramaturgo Casona que decía que «no hay ninguna cosa seria que no pueda decirse con una sonrisa». Sin embargo, cuando comienzo a ver a los compañeros llegar me doy cuenta de que el momento de alegría va a durar poco.

Empiezo a ordenar la presentación y paso el fichero a Ángel, el financiero que hace de maestro de ceremonias. Los jefes han pedido una presentación en profundidad del presupuesto, resultados del trimestre, proyecciones y mil cosas más. Conociendo a Ángel habrá preparado con su equipo toneladas de hojas de cálculo.

Los jefazos aún no han llegado a la sala; están en una videoconferencia y aún no han terminado. Teniendo en cuenta que son las 08.30 horas, la habrán empezado prontísimo. Puff... eso no es nada bueno.

De repente se escucha murmullo en el pasillo. Son ellos, los jefes, están entrando. «¡Que Dios nos coja confesados!», me digo.

Comienza la reunión. Después del saludo inicial, Ángel comienza a explicar las cuentas de la empresa. Números, números y más números. Y yo con el sueño que tengo. Solo he dormido tres horas. Según transcurre la exposición empiezo a desconectar. Es la típica situación de cuando te tumbas en el sofá y pones la televisión con volumen bajo para relajarte. Umm... ¡qué placer! Es música celestial. En este estado tan relajante comienzo a coger la postura más cómoda, sujeto mi cabeza en la mano y cuando mis ojos comenzaban a cerrarse... ¡Aayyy! ¡Vaya codazo! Me giro y veo a mi colega de ventas con cara de susto.

    –¡Te estás durmiendo! –sisea.

    –¡Perdón! –consigo decir bajito.

«¡Qué coraje! –me digo–. Con lo a gusto que estaba y ahora a volver a conectar con las cifras y ratios económicos».

Llevamos varias horas de reunión y Ángel continúa explicando las tripas financieras de la compañía del derecho y del revés. Que si el *revenue,* que si los cargos *intercompany,* que si el volumen de internacional, que si el *network.* Es como una metralleta sin seguro.

2. La peor decisión es la indecisión

Entre tanto discurso me da por repasar los rostros de los presentes y veo que no soy la única con cara de recién levantada, ¡menos mal! Veo que mi jefe está muy serio y no hace más que intentar edulcorar los resultados. El responsable de finanzas europeo que ha venido no hace más que preguntar y mi jefe parece un portero parando penaltis. A cada pregunta le suelta una aclaración con broma incluida, pero los jefes no reaccionan. Y mientras disfrutaba de este documental de fauna empresarial, mi jefe español se gira hacia mí y me espeta:

–Mª Jesús, ¿cómo va la negociación con los sindicatos?

–Eh... pues no muy bien –respondo.

La verdad es que entre el sueño que tenía y que no me había enterado mucho de la reunión, fui lo más sincera que pude. Pero claro, la película no iba por ahí. Se trataba de convencer a los socios europeos de que aquí en España todo iba a las mil maravillas. Así que, como si fuera un rayo, mi jefe salió al paso de mi respuesta corrigiéndome:

–Lo cierto es que no va tan mal, creo que los comités entienden que no es tiempo de peticiones.

¡Toma ya, me ha dejado con la palabra en la boca! Me quedo mirándole atónita y con la boca cerrada. Ya se sabe, «donde hay patrón no manda marinero». Y empiezo a recordar que tengo la convocatoria de huelga encima de la mesa y que mi equipo había hecho todo lo posible para pararla. Llevábamos semanas intentando renegociar el convenio de Madrid, pero nuestro comité de trabajadores es de los duros. Ni que decir tiene que en este sector hay de todo menos tonterías. De hecho, la presidenta del comité es condenadamente lista y no hay manera de hacerla entrar en razón. Incluso me avisaron de que esta vez no iban a cortarse y que los americanos se iban a enterar, que no iban a ceder. Lo cierto es que habían perdido poder adquisitivo y que les iba a dar igual cualquier argumento. O se subía el sueldo a los trabajadores o teníamos huelga en la puerta. Era consciente de que aunque no se trataba de la primera huelga en esta compañía, esta iba a sacar lo peor.

Así que después de reflexionar sobre esto y ver cómo mi jefe me contradecía, me encontraba entre la espada y la pared. Mi profesionalidad estaba en juego. Mientras mi jefe estaba terminando de convencerles de que no había nada que temer, miro a mi superior de Recursos Humanos. Vive en Bruselas pero sabe lo que está pasando. Su cara y sus ojos me miraban diciendo: «cuenta la verdad, no es cierto que lo que esté ocurriendo sea algo banal». Así que recordé aquella frase de Paulo Coelho: «jamás dejes que las dudas paralicen tus acciones. Toma siempre todas las decisiones que necesites tomar, incluso sin tener la seguridad o certeza de que lo estás decidiendo correctamente». «¡Lánzate, María Jesús!», me digo. En ese momento levanto la mano y hablo:

–Vamos a tener una huelga –lo digo despacio y con mi mejor inglés.

–¿Estás segura? –dice el jefazo europeo con acento americano, mirándome con condescendencia.

–Estoy segura –le respondo mirándole mientras mi jefe se me queda observándome atónito.

Y en ese momento empieza una discusión a catorce bandas en la sala: términos ingleses y españoles saltan de un lado a otro y parece difícil poner orden en el caos. Decía Roosevelt que «en cualquier momento de decisión lo mejor es hacer lo correcto, luego lo incorrecto y lo peor es no hacer nada». No estaba segura de si había sido correcto o no, pero lo que sí tenía claro es que no podía quedarme parada.

Al cabo de unos minutos el gran jefe europeo nos mira al equipo español y nos manda callar a todos. Con tono calmado y como si lo hubiese preparado en el avión antes de venir, nos comunica que en estas circunstancias quiere un estudio de varios escenarios y uno de ellos es cerrar prácticamente la compañía. El objetivo era reducir plantilla y dejar la empresa con un 5% de lo que es actualmente. Además nos especifica cómo de detallado lo quiere.

En ese momento mi estómago me da vueltas y tengo la sensación de estar metida en una montaña rusa. ¿Cerrar? ¿Ha dicho cerrar? Pero, ¿qué está diciendo? ¿Cómo vamos a cerrar? Los pensamientos se me agolpan y ya no soy capaz de escuchar. Intento centrarme y tomar consciencia de lo que ocurre a mi alrededor.

Mi jefe en España está tratando de mantener el tipo. No te he dicho que es alemán pero lleva afincado en España hace algunos años.

Después de escuchar la decisión del gran jefe europeo aguanta el órdago como un campeón. El resto del comité tiene caras muy variadas que van desde la de incredulidad a la de estar totalmente de acuerdo.

De repente alguien dice que ya es hora de irse al aeropuerto y que los taxis ya están abajo en recepción esperando a la comitiva. Todo sucede muy rápido. Revuelo de despedidas, apretones de manos. Mi jefe, que iba a acompañar a los jefazos al taxi, nos dice que nos quedemos en la sala, que vuelve en unos minutos.

En cuanto se cerró la puerta hubo unos segundos de silencio mientras nos mirábamos todos. A partir de ahí empezamos a soltar barbaridades. Unos me felicitaron por haber dicho la verdad y aquellos a los que le caigo mal me miraban como si dijeran: «te has buscado un lío, bonita». Una vez que habíamos descargado nuestro estrés se volvió a hacer el silencio y empezamos a tomar conciencia real de lo que había pasado.

Tomar decisiones no es cuestión fácil. Se identifica el problema, se establecen y ordenan los criterios para decidir, se generan alternativas para después analizarlas y seleccionar la más apropiada. Como toda acción, precisa de aplicación y su correspondiente evaluación.

No sé si con razón o no, me vino a la memoria aquella frase de Tito Livio en la antigua Roma: «cuando la situación es adversa y la esperanza poca, las determinaciones drásticas son las más seguras».

3. La realidad se vive ahora

Escucho pasos. Alguien viene. Es nuestro jefe. Abre la puerta y la cierra tras de sí apoyándose en ella y mirándonos a todos. Mi primer pensamiento fue: «¡ya está! ¡La primerita para salir por la puerta, una servidora, por bocazas!».

Pero de forma inexplicable esta vez mi jefe decide no matar al mensajero, o sea, yo. Me sonríe tristemente, suspira y se sienta. Tras unos segundos de silencio, hace un recorrido con la mirada a cada uno de nosotros y nos dice:

–No hay nada que hacer, la decisión está tomada.

«¡Dios mío, es el fin!», me dije. Suspiro, cierro los ojos y solo puedo recordar una frase de Deepak Chopra: «nos guste o no, todo lo que está sucediendo en este momento es producto de las decisiones que tomamos en el pasado».

Sin tiempo para lamentaciones empezamos a repartirnos el trabajo: cálculos, escenarios, llamar al bufete de abogados. Durante los primeros minutos mi hemisferio lógico no para de analizar propuestas. De repente oigo un pequeño suspiro. Como si de un detonante se tratara no puedo evitar pensar en las posibles reacciones que producirá todo esto. Pienso en las cientos de familias y en sus hijos. Y del nosotros, en un abrir y cerrar de ojos, paso a pensar en mi hipoteca, mi marido… ¡No puedo más, necesito salir!

Pido permiso para ausentarme un momento. Tras cerrar la puerta recorro el pasillo camino de las escaleras mientras aprieto los dientes en una muestra de impotencia, rabia, tristeza. Cuando llego al rellano de la planta 8 no puedo aguantar más. Mientras doy patadas a la pared, grandes lagrimones recorren mi cara.

A la tercera patada me doy cuenta de que por mucho que lleve botas me estoy haciendo daño y de la furia paso al pánico en un segundo. Empiezo a sentir que el maldito suelo se mueve. «¡Tranquilízate, María Jesús!», me repito una y otra vez.

Me limpio los ojos y regreso a la reunión. Me doy cuenta de que mis compañeros acaban de salir. Mi jefe, con un gesto de sumisión, me indica que ahora toca trabajar y ejecutar la decisión.

Mientras me dirijo a mi despacho con paso rápido, oigo una voz:

–¿Estás bien?

Es Susana, una de mis administrativas. Probablemente la única de mi equipo a la que no puedo engañar. Es como si tuviera rayos X en los ojos. Tiene la habilidad de saber cómo me encuentro en cualquier momento. Un gesto fuera del guión y sus ojos inquisidores me escanean a ver si me pasa algo.

Normalmente suelo disimular bien y, aunque ahora me encantaría desahogarme, echo la culpa a la falta de sueño y le cuento una mentira piadosa:

–Hola, Susana. Sí, estoy bien. Es que he dormido fatal por la cena de anoche –consigo articular.

–Pero la reunión no ha ido mal, ¿verdad? –insiste, cautelosa.

–Bueno, ya sabes, ha ido como siempre. Todo lo ha dicho Ángel, un rollo de presentación –mi voz parece más convincente.

–Pues si es eso entonces ya habéis acabado hasta dentro de tres meses, jefa –se ríe y sale del despacho.

Son las 21.30 y llevo varias llamadas larguísimas a los abogados, a mis colegas de comité, a mi jefe. Desde que se fueron los jefazos europeos solo puedo pensar en lo que tenemos por delante, así que hago lo que mejor se hacer: ocuparme de ello.

Ya es de noche y desde las ventanas de mi despacho ya no se ve nada del polígono donde está la oficina y hay silencio en el departamento. Asumo que no hay nadie y me estiro un poco mientras abro la puerta. En ese momento Susana levanta la vista del ordenador.

–¿Qué haces aquí? –le pregunto.

–El reporte de todos los meses, ya sabes, los numeritos –dice resignada.

Por una vez no la consuelo, que es lo que hago siempre porque sé que lo odia con toda su alma, y ahí me caza.

–¿Me dices qué te pasa o crees que no se te nota? –sus ojos comienzan el escaneo.

La miro y sé que en un par de días tendré que contar con ella para construir todo lo que tengo que presentar y sin pensar un minuto se lo suelto, ¡no puedo más! Y lo hago sin pensar, sin controlar, sin traducir; le cuento a borbotones lo que me preocupa, lo difícil que es, lo que nos espera. Vuelco toda la tensión, toda la frustración, y no me dejo nada. Los ojos de Susana empiezan a abrirse cada vez más y veo reflejado en su cara exactamente lo que creo que ha ido reflejando la mía a lo largo de todo el día: preocupación por mi futuro. Decía Napoleón que «solo hay dos palancas que mueven a los hombres: el miedo y el interés». En este caso, el miedo se había apoderado de todos.

En cierta forma estaba viviendo un duelo con todas sus fases: negación, ira, negociación, tristeza y aceptación. Yo me encontraba en las últimas, Susana en las primeras.

Y por fin caigo y, lo que es peor, caigo con todo el equipo. Por primera vez me doy cuenta de que esto no va de mí, va de un montón de personas, va de un montón de Susanas, de Pacos, de Luises, de Fernandos, de Antonios, va de familias. En mi mente oigo una voz que me dice: «no eres la única, ¡espabila!».

Pido disculpas y espero que Susana me perdone el ataque de sinceridad. Los segundos pasan y por fin empieza a hablarme con mucha calma, preguntando detalles con cuidado, consciente de cada una de las palabras que dice y usando la persona perfecta: nosotros en vez de yo. Creo que nunca nadie me había dado una lección de vida más sencilla pero más clara: «en los tiempos duros, el nosotros importa más que el yo».

Poco a poco el cansancio del día empieza a hacer mella. Es como si me abrazara. Miro el reloj y convenzo a Susana de que mañana seguiremos hablando. No sé como pedirle perdón por habérselo contado tan torpemente y sin pensar. No me hace ni caso y me da un medio abrazo, pero veo en sus ojos que ella esta empezando a pasar por el mismo proceso de negación que yo pasé por la mañana. Así que en mitad de ese delicado abrazo soy yo la que le da un abrazo fuerte. Con la excusa de que aún me falta recoger mi despacho le digo que se marche a su casa rápidamente, que la estarán esperando seguro.

Mientras termino de ordenar la mesa, empiezo a mirar por la ventana y comienzo un diálogo interno:

—¿Así que se trata de esto, verdad?

—¿De cómo comportarse cuando tienes que tomar una decisión complicada o de cómo ejecutar una decisión irrevocable?

—Porque está claro que no te puedes librar, ¿verdad?

—Y si no puedes librarte, ¿cómo recoges tus pedazos de alma y los vuelves a juntar?

—¿Y esto va a ser siempre así?

—¿Uno se acostumbra?

—¿Dolerá menos la próxima vez?

Solo puedo decir que al final de aquel día crecí más que en muchos meses, que aprendí que puedes tener miedo pero que ese miedo no puede paralizarte. No se acostumbra uno jamás a tomar decisiones complicadas. Y en muy pocos sitios te lo enseñan. Aprender a sentir en los negocios es un tabú demasiado grande para algunos directivos. Algunos creen que las decisiones las toman personas más cercanas a Robocop y no es verdad. El escritor Jardiel Poncela dijo una vez: «cuando tiene que decidir el corazón, es mejor que decida la cabeza».

Un mando intermedio, como era mi caso, es un eslabón en la cadena que en buena parte se destina a ejecutar las directrices de sus superiores. Sentir el aliento de familias en tu espalda cuando tienes que tomar decisiones es de los aspectos más duros porque o eres de cartón piedra o eres un inconsciente o te va a costar mucho hacerlo. Nunca te libras, no lo pueden hacer por ti, no puedes esconderte; aun cuando en el mejor de los casos solo tomes una parte de la decisión, esa parte es responsabilidad tuya.

Ese jefe que yo tenía en aquella época decía que tomar decisiones en los negocios muchas veces era tomar la decisión menos mala. Es alemán y, como se puede apreciar, no se trata de la alegría de la huerta. Sin embargo, no le faltaba razón.

¿Es el camino que se elige siempre el correcto? Decía Jorge Bucay que «lo correcto está en la elección, no en el acierto».

Solo puedo decir que lo único que me ha servido estos años es esa voz que oí en mi cabeza que me dijo: «¡no eres la única, espabila!».

11

Caracteres incompatibles
Álvaro Merino y Pedro Díaz

1. Un correo electrónico envenenado

No dejo de darle vueltas a la cabeza desde que recibí el correo electrónico de Iñigo. Era la gota que colmaba el vaso. Parece que cuando menos necesitas que surjan los problemas es cuando se presentan con más fuerza.

Soy un enamorado de mi trabajo. Dirigir una escuela de negocios es una profesión apasionante. Sin duda soy uno de esos bichos raros que disfruta haciendo lo que hace. Mi trabajo me aporta grandes satisfacciones: conozco nuevos profesionales cada año, disfruto de un claustro de profesores con un nivel académico excepcional y un bagaje laboral de altísimo nivel. Viajo, y lo hago a países que me han ayudado a ampliar y enriquecer mi visión del mundo y la tolerancia en la gestión de la diversidad.

Sin embargo, dentro de casa estaba siendo incapaz de gestionar dos caracteres incompatibles. Mi trabajo consiste en dirigir un equipo de profesionales que deben convivir en la eterna disyuntiva que genera el ámbito académico y el empresarial. Individualmente, mis colaboradores son brillantes, comprometidos, y formamos una buena tribu aunque en ciertas ocasiones, como en todas las familias, la emocionalidad está a flor de piel.

La escuela funciona a mucha velocidad y tiene momentos a lo largo del año en los que el volumen de trabajo nos llega a superar. La captación de alumnos, la preparación del curso que inicia, las sesiones informativas para explicar nuestros programas, los planes de innovación para los próximos años. Toda una vorágine que se acumula en los mismos meses del año. Y encima esto, dos de mis mejores profesionales tienen serios problemas para trabajar juntos.

El correo era duro, más de lo que me podría imaginar. La situación era realmente tensa y en este momento del año no podíamos permitirnos que dos personas tan importantes en el equipo pudieran poner en peligro el proyecto.

De cualquier manera es demasiado temprano, la jornada promete ser muy larga y bajo a la cocina para prepararme el primer café de la mañana. Quizá la tensión del conflicto que se avecina me ha quitado el apetito. De cualquier manera no hubiera tenido demasiado tiempo para dedicarme a desayunar tranquilamente. Mi primera reunión es en media hora y el tráfico en esta ciudad es impredecible.

Vuelvo a abrir mi iPad y releo su correo:

«Hola Lucas,

Ya estoy muy cansado de la actitud de Lola. Ya sabes que no me ando con rodeos. Te voy a ser muy claro. No soporto que constantemente esté poniéndome obstáculos a mi trabajo y mucho menos que cuestione la labor de mi departamento. Te recuerdo que gracias a nosotros la escuela ha incrementado notablemente el número de alumnos en estos cinco años. No puede ser que a ojos de Lola todo lo que hacemos esté mal.

Sinceramente te digo que no pienso volver a trabajar más con ella. Puede ser la directora académica pero este negocio va de otra cosa. Parece que aún no se ha enterado. Si no hay alumnos, no hay programas y por lo tanto ni profesores ni certificaciones de calidad ni nada.

Si no somos los primeros en llegar a los potenciales alumnos nos los quitará la competencia y no estoy dispuesto a no poder vender los programas porque siempre intenta parar todas nuestras acciones comerciales. Me parece perfecto que debamos ser muy cuidadosos con los aspectos legales y académicos pero a mí se me agota la paciencia con esta mujer.

Te lo digo de verdad, no quiero saber nada más de ella».

2. Dos caracteres incompatibles

Íñigo es nuestro director de Marketing y Desarrollo de Negocio. Tiene a su cargo un equipo de marketing y ventas muy proactivo. Íñigo lleva conmigo desde hace cinco años y claramente es un tipo de acción.

No cabe duda de que es un hombre con mucho carácter. Su determinación y su orientación al logro es posiblemente una de sus grandes virtudes. En muchas ocasiones me pregunto de dónde saca tanta energía. Basta que le plantees un reto complicado para que Íñigo lo acepte como un desafío y lo haga suyo. En una época como la que estamos viviendo es una gran suerte poder contar con un profesional como él. En los momentos en los que debemos trabajar bajo presión un perfil como el suyo nos ayuda a centrarnos en lo importante.

Estos años junto a Íñigo han sido tremendamente productivos y la escuela ha conseguido posicionarse muy bien en los rankings internacionales.

Posiblemente para mucha gente no sea fácil trabajar con Íñigo. Tiene tan claro lo que quiere, que muchas veces puede ser muy intolerante con los puntos de vista diferentes a los suyos. Trabaja a gran velocidad y en muchas ocasiones el resto del equipo no puede dar respuesta a todas sus necesidades. No es la primera vez que tenemos que sentarnos a priorizar muchas de las acciones tácticas que quiere llevar a cabo.

Íñigo necesita tener éxito, de eso no me cabe la menor duda. Lo que realmente siempre me ha preocupado es cómo vive y gestiona la frustración cuando no consigue sus metas. Es verdad que su ímpetu y su visceralidad chocan frontalmente con otras personas que son muy diferentes a él. Cree firmemente en que el statu quo es peligroso para una organización y que tanta burocracia y buen rollo nos pueden hacer acomodarnos y dejar de crecer.

Cuando tuve que seleccionar a un nuevo director académico para la escuela buscaba a alguien que nos asegurara el necesario e imprescindible rigor académico que nos permitiera mejorar nuestra credibilidad como empresa dedicada a la formación superior. Sin lugar a dudas, Lola nos aportaría un conocimiento profundo del negocio y una rigurosidad como no había visto nunca.

Si tuviera que destacar alguna de las muchas virtudes de Lola es posible que me quedara con su excepcional capacidad de análisis. Cuando tenemos un problema complejo basta que Lola participe en una comisión de trabajo para que se haga cargo de identificar los pros y los contras de las situaciones complejas.

Su disciplina roza lo espartano. Es una mujer con unos principios a prueba de bombas y tiene marcada a fuego la importancia de ser disciplinada y cuidadosa con el trabajo diario.

El trabajo de Lola consiste en mimar todos los aspectos académicos de los programas que ofrece la escuela. Nuestros alumnos están encantados con la dedicación, el cariño y el cuidado con los que los directores de los programas y los profesores atienden cada una de sus clases.

Lola lleva con nosotros más de seis años y ha formado un equipo académico que funciona a la perfección. Son muchos los requisitos que debe cumplir un programa de posgrado y Lola supervisa al detalle todos y cada uno de los aspectos. Su minuciosidad, en algunos casos, puede llegar a ser excesiva, ya que tiene una fuerte necesidad de control. De hecho, en algunas ocasiones he hablado con ella sobre la necesidad de aprender a delegar y a confiar algo más en su equipo. Sé que la intención con la que está encima de todo es muy positiva pero en ciertas ocasiones va en contra de nuestra velocidad de respuesta a los cambios en el sector.

Los desacuerdos entre la parte académica y la empresarial son el pan nuestro de cada día. Una de mis tareas precisamente consiste en lidiar con muchas desavenencias que se generan por los distintos puntos de vista que cada una de las partes tiene de este negocio.

Mientras los académicos se centran en que cada sesión tenga una altísima calidad, el equipo más empresarial busca la manera de comercializar los programas a nivel nacional e internacional. La competencia estos últimos años es atroz. Luchamos por diferenciarnos y eso nos obliga a arriesgar muchas veces.

Íñigo y Lola son mis colaboradores más directos y en los que me apoyo día a día pero está situación está tensando mucho el clima en la escuela.

Fue como un presentimiento, pero en cuanto activé el *bluetooth* en el coche sonó mi teléfono avisándome de la tormenta que se avecinaba. No me hizo falta mirar la pantalla para saber que era Lola.

–Hola Lola, buenos días, qué pronto me llamas.

–Me imagino que ya sabes el motivo, ¿verdad?

–Creo que sí –comenté con tono ingenuo.

–Mira, Lucas, no estoy dispuesta a soportar que Íñigo haga lo que le venga en gana y cuando le venga en gana. Yo no soy la criada de nadie ni tampoco quiero ser la mala de la película, pero creo que no sois conscientes de los problemas que nos puede crear ser tan laxos con los requisitos que estamos obligados a cumplir. Ya hemos hablamos más de 1.000 veces que no vendemos yogures, que estamos vendiendo programas de posgrado muy caros.

–Lola, sabes que soy muy consciente de ello y sabes lo importante que es para mí la labor del departamento que diriges. Además no es la primera vez que te lo digo.

–Pues parece que hay alguien que ni valora lo que hacemos ni le parece que sea importante para esta compañía.

–Mira, Lola, creo que lo mejor es que nos veamos hoy mismo y que hablemos claramente de todo esto. Me da la impresión de que a todos nos está empezando a desbordar esta situación.

–Me parece perfecto porque tengo muchas ganas de decirle las cosas a la cara a Íñigo. Ya estoy harta.

–Como tú veas, pero creo que deberías ir a la reunión con una actitud constructiva porque eso es lo que espero de los dos. Si te parece reviso la agenda y os convoco esta tarde para que expongamos la situación y busquemos soluciones.

–Bueno, Lucas, no sé si las soluciones serán muy factibles pero por lo menos sentémonos a hablar. Espero tu convocatoria.

Nada más colgar con Lola me siento ligeramente derrotado. Me parece complicado ser capaz de alcanzar un mínimo acuerdo cuando la actitud de ambos es tan negativa y sus puntos de vista son tan diferentes. Pero es que, además, esto llega en el peor de los momentos. Ya podían haber elegido una época del año más tranquila.

Lo primero nada más llegar es modificar toda mi agenda para poder tener esta reunión, así que la mañana va a ser más estresante de lo habitual.

La oficina tiene vida propia desde primera hora del día: potenciales alumnos esperando a ser entrevistados, profesores que trabajan en la sala de estudio preparando nuevos casos para el próximo año, tutorías con alumnos que están preparando sus trabajos de fin de máster, mis colaboradores buscando momentos para consultarme las dudas del día a día. Ruido, mucho ruido, sobre todo cuando lo que necesito es algo de silencio para pensar, para poder encontrar la manera de hallar algo de luz en este conflicto.

Reviso la agenda, cambio dos reuniones y libero una hora y media para abordar esta situación con Íñigo y Lola.

Íñigo siempre está al pie del cañón desde primera hora. Paso por el departamento de Marketing y su despacho es un hervidero de gente que entra y sale validando propuestas, analizando proyectos y revisando números.

–Íñigo, ¿tienes un segundo?

–Sí, claro Lucas. ¿Viste mi correo? –me pregunta con tono serio y muy determinado.

–Sí, ayer por la noche, pero preferí hablar contigo por la mañana. Me gustaría que te liberaras a las cuatro para vernos Lola, tú y yo en la sala de reuniones y que así podamos solucionar este asunto.

–Claro, allí estaré pero ya te digo que el asunto es un problema de Lola. Yo no pienso dejar de hacer lo que estamos haciendo.

–Íñigo –mi tono se tornó serio–, tal y como le he comentado a Lola hace un momento, espero que la actitud con la que vengáis a la reunión sea la más adecuada y positiva posible. No somos enemigos y necesito que ambos estéis dispuestos a escucharos.

–Bueno, a las cuatro nos vemos.

–Muy bien, Íñigo, allí os espero.

3. Un silencio en movimiento

Desde que salí de casa en mi cabeza rondaba una idea que posiblemente me aportara luz en este momento. La imagen de Miguel, el *coach* con el que trabajo muy frecuentemente, revoloteaba como una opción a tener en cuenta. Él me había acompañado en un proceso de cambio profesional hace tiempo y desde entonces hemos mantenido una relación muy estrecha.

Siempre me había parecido un poco brujo porque, fuera cual fuera mi problema, en todo momento era capaz de aportarme una visión nueva, me abría una ventana que no sabía que existía y me ayudaba a descubrir nuevas posibilidades. Quizá una llamada y una breve conversación telefónica con Miguel podrían darme algo de luz en esta tormenta.

Así lo hice y sus palabras fueron nuevamente reveladoras. ¿Cómo no había podido caer yo en eso? Era tan sencillo y sutil que muchas veces se hace imposible ver lo evidente. Miguel me había enseñado tiempo atrás cómo cada persona somos un observador único del mundo en el que vivimos y que cada uno construimos una realidad según lo que percibimos. Esto hace que veamos el mundo no como es, sino como somos. Nos permite enriquecernos y a la vez es una fuente de conflictos permanente.

La media hora en la que conversamos se transformó en una inagotable sucesión de posibilidades que se iban generando en mi cabeza mientras compartíamos nuestra peculiar manera de ver las cosas. Es curioso cómo cada vez que hablo con él tengo la sensación de haber aprendido algo y en esta ocasión no era diferente.

Dediqué un buen rato a visualizar cómo podría ser la reunión con Lola e Íñigo, pero sabía que ahora disponía de herramientas que me ayudarían a poder gestionar este conflicto de manera mucho más eficiente.

Lola es la primera en llegar. Su puntualidad germánica siempre ha sido ejemplar. Nunca hemos tenido que esperarla para ninguna reunión. Su gesto es serio y su mirada me habla del enfado que lleva conteniendo durante todo el día. Íñigo aparece casi al momento, anunciado unos segundos antes porque va saludando a todo el mundo que se encuentra por el camino con un tono elevado y determinado.

Ambos se saludan con frialdad pero con respeto y el silencio llena la sala esperando a que alguien lo rompa de inmediato.

—Bueno, equipo, gracias por hacer hueco en vuestras agendas. No creo que haga mucha falta que dediquemos demasiado tiempo a los prolegómenos porque necesitamos abordar esta situación de manera directa, profesional y adulta. Me gustaría conocer cuál es el motivo que ha provocado que estemos ahora sentados los tres aquí.

Lógicamente, y como era de esperar, la impulsividad de Íñigo le llevó a intervenir en primer lugar.

–Me frena todo, parece que tuviera algo en contra de lo que hacemos en Marketing o algo contra mí. Necesitamos ser ágiles y no tan encorsetados como son los académicos. Como sigamos con esta situación nos quedaremos sin alumnos. La competencia nos los está quitando de las manos. No es momento de dudas y de revisiones constantes de lo que hacemos. Hay que pasar a la acción y pelear cada posible candidato. Pero siempre son problemas, siempre hay una pega que nos limita poder alcanzar la velocidad de crucero. Así es realmente complicado poder llegar a los objetivos de matriculación que nos hemos propuesto.

–Siempre son los números, siempre los objetivos –saltó Lola como una fiera–. Aquí no vale todo, Íñigo. Los números son personas, son alumnos que van a invertir mucho tiempo y mucho dinero en formarse. No te das cuenta de que estamos ofreciendo futuro a nuestros alumnos. Muchas veces tengo la impresión de que hacéis un *overpromise* a los estudiantes. Pero claro, luego empieza octubre y los que nos encargamos de ellos, de sus expectativas y sus ilusiones somos nosotros.

–Eres injusta, Lola. No creo que las cosas sean así. Eres una exagerada.

–No, perdona, el que no entiende la situación eres tú, Íñigo.

Quizá debía haber dejado que continuaran sacando todo su enfado porque es una manera de liberar las tensiones acumuladas, pero consideraba que tanta queja no nos iba a llevar a ningún sitio, así que decidí intervenir:

–Íñigo, Lola, creo que ha llegado el momento de dejar de centrarnos en todo aquello que nos separa y empezar a poner el foco en todo lo que nos acerca. Esto no es una competición de egos. Yo nunca quise tener a mi lado a profesionales que estuvieran más interesados en vencer a su compañero que en conseguir hacerles ganar. Me gustaría ver personas que buscan situaciones en las que todos ganemos. Ese es el verdadero asunto que nos trae a esta reunión.

De nuevo se hizo el silencio pero esta vez era un silencio diferente. No se respiraba tensión sino una cierta dosis de toma de conciencia. Miguel me había ayudado a descubrir en numerosas ocasiones el daño que nuestro ego puede hacernos y de qué manera nos limita para descubrir la mirada del otro.

–Íñigo, necesito saber qué es lo que te acerca a Lola en esta compañía.

Titubeó levemente y su voz parecía ligeramente quebrada.

–Seguramente que lo que más aprecio de Lola es lo satisfechos que están los alumnos con los programas de la escuela. Realmente tengo que reconocer que son excelentes.

En ese momento, el gesto de Lola se suavizó por momentos e incluso pude vislumbrar una ligera sonrisa de satisfacción. Entonces me dirigí a ella:

–Y tú, Lola, ¿qué te acerca a la labor de Íñigo? Me encantaría conocerlo.

–Íñigo ha conseguido que pudiéramos abrir el máster de Finanzas Internacionales que nunca habíamos conseguido empezar y este año nos hemos colocado en el número 3 del ranking de escuelas mejor valoradas a nivel europeo.

Por dentro, mi satisfacción iba en aumento. Había conseguido cambiar la postura en la que estaban atrincherados y les había aportado una nueva perspectiva a la situación que les había llevado a generar un conflicto tan prolongado como inútil. Así que en ese momento de concordia les lancé mi mensaje:

–Estáis gastando energía inútilmente cada minuto que perdéis al mirar todo lo que os separa. Gracias a la fortaleza del otro, cada uno de vosotros es capaz de crecer y mejorar profesionalmente. Lola, gracias a que Íñigo nos trajo a los alumnos daneses pudimos completar el grupo mínimo de estudiantes para iniciar el máster de Finanzas Internacionales y este año vamos a poder iniciarlo con dos grupos simultáneamente. Tus profesores van a poder estar a jornada completa y dispondrás de más recursos para investigar. Íñigo, sin la reputación que hemos ganado con esta primera promoción te hubiera resultado mucho más complicado vender este programa. Además Lola ha conseguido traer al claustro a los gurús más importantes del sector financiero en Europa y América y los nuevos alumnos están realmente entusiasmados.

Sus caras reflejaban cierta vergüenza y sorpresa al no haber valorado ese punto de vista y haber sido tan egoístas en sus posicionamientos.

–Visto desde esa perspectiva quizá tengas algo de razón –dijo Íñigo.

–Mira, Íñigo, cada uno de nosotros elegimos el punto de vista con el que vemos las cosas. Es una cuestión de actitud. Podemos elegir centrarnos en las debilidades del otro o podemos optar por aprovechar sus fortalezas. Solo por el hecho de dar importancia a aspectos diferentes no significa que los objetivos que tengáis sean distintos. Ambos queréis lo mejor para vuestros departamentos y por tanto lo mejor para la escuela. Solo si vuestro liderazgo inspira a vuestros equipos podremos alcanzar lo que nos propongamos. Pero es una decisión vuestra. Pensad si queréis emplear el tiempo y la energía en construir y ayudar a ganar al otro o si, por el contrario, preferís continuar peleando las pequeñas batallas del ego que solo influyen negativamente en vuestro día a día. En los momentos difíciles como este es cuando nuestra gente necesita que saquemos lo mejor de nosotros mismos. Pero eso solo depende de cada uno de nosotros.

Es una suerte poder contar con personas inteligentes y autocríticas y Lola e Íñigo lo son. Este ejercicio colectivo de toma de conciencia fue enriquecedor para todos.

Lo que sucedió durante el tiempo que duró la reunión fue un acto de madurez profesional de dos personas que habían entendido un mensaje al que habían sido impermeables durante mucho tiempo.

4. Un aprendizaje que hace crecer

Preparé una copa de vino nada más llegar a casa, puse mi música favorita y me relajé durante unos minutos. Necesitaba reflexionar acerca de lo ocurrido. No había sido una reunión más. Eran mis colaboradores de más confianza, mi equipo, mi tribu. Necesitaba ordenar mis aprendizajes.

Miguel me había reflejado el hecho de que nuestro ego es un gran enemigo interno que reduce nuestro campo de visión. Hace que nuestra área ciega del mundo no se reduzca y alimente nuestros prejuicios.

He aprendido que vencer es distinto que ganar. Necesito influir y fijar en mis colaboradores la idea de sentir que ganan apoyándose en las fortalezas de sus compañeros. Quizá deba dedicar más tiempo a ayudarles a descubrir esas fortalezas presentes en todos nosotros.

Nuestro campo de visión se empequeñece por nuestros miedos. A Íñigo le empequeñece su miedo a fracasar, marcado a fuego, que tantas veces se muestra en una de sus facetas más características: la prisa.

Lo más seguro es que el miedo a asumir riesgos no permita a Lola disfrutar un poco más de lo que hace, de lo que consigue y de lo que aprende. Cuando nuestros miedos nos dominan nuestro talento se empequeñece y se ralentiza nuestro desarrollo. No es valiente quien carece de miedo, sino el que lo enfrenta y lo vence. ¿Cuál es mi mayor miedo? Creo que necesitaré a Miguel algún día más.

12 | Talento invisible
Mar Cárdenas Muñoz

1. La experiencia no se mide en años

Me dirijo hacia el aparcamiento con una sensación que se estaba empezando a instalar en mi piel y que solo de pensarlo me generó aún peor humor. Aceleré y subí la rampa que me llevaba hasta la última barrera del complejo, como si estuviera en un rally. «¡Frena, pequeña! –me digo–, este no es el lugar para soltar toda esa rabia».

Soy Olga Ruiz, tengo 44 años y trabajo en un hotel de cuatro estrellas en el departamento de Atención al Cliente. Supuestamente no tengo talento. La edad y el no haber tenido experiencia internacional parecen ser obstáculos para tenerlo, a pesar de defenderme en inglés. Parece como si la experiencia y los años, que son un capital incuestionable en Oriente, aquí se conviertan en una losa que no se ve pero se siente. Me pregunto qué está pasando. Vivimos una época donde hacen falta ganas, ideas y energía para tomar decisiones, ser coherente con ellas, pero sobre todo no tener miedo.

Justo cuando estaba a punto de incorporarme a la autovía y ponerme música para aplacar mi tensión suena el móvil. Miro la pantalla del coche y veo que es Ángel, mi compañero. «¡Vaya, otro que tampoco tiene talento!», me digo a mí misma.

–Hola, Ángel, ¿en qué te puedo ayudar?

–Qué tal, Olga, ¿te pillo bien? Tan solo quería compartir contigo algunas reflexiones de la reunión de esta tarde sobre el estado de cuentas del hotel.

Antes de continuar con la conversación telefónica quiero hablarte un poco de Ángel. Él es otro colega de 50 años. Se podría decir que está ya en el llamado «despido interior», esa etapa donde vas tirando la toalla poco a poco porque no consigues lo resultados esperados y por tanto vas cayendo en una desmotivación laboral. Todo empezó hace unos años. Ángel era el director comercial del hotel y ahora ha quedado relegado a gestionar la línea de *souvenirs*. Recuerdo cuando entré, hace ya diez años. Fue un año brillante para él, aunque también el último como director comercial. Ese mismo año hubo un cambio de director general, el cual trajo a su mano derecha, que ocuparía el puesto de Ángel, y por tanto éste ocuparía otro puesto de menor nivel. Fue ahí cuando escuché por primera vez hablar de talento: que si la empresa necesitaba incorporar talento, que había que dejar hueco para el talento, que el talento nos ayudaría a consolidarnos en el mercado, etc. En ese momento no me preocupé demasiado por este asunto, ya que por mi juventud sentí que formaba parte de él.

Si te parece, continúo con la conversación telefónica con Ángel:

–Disculpa Ángel, dime, soy toda oídos.

–Primero quería preguntarte, ¿qué tal estás, Olga? No he podido dejar de mirar tu cara cuando Peter (el director general) estaba hablando. No sé si tienes la misma impresión que yo, pero a mí me suena a más de lo mismo.

–La verdad es que sí, Ángel. La diferencia está en que él lo dice en *spanglish*.

–Verás, Olga, estoy cansado de escuchar que si tenemos que mejorar los resultados, que si hay que reducir gastos, bla, bla, bla. Pero, ¿cómo lo hacemos? Si quiere le decimos a los clientes que traigan las toallas y sabanas de casa.

–Bueno, Ángel no te preocupes, seguro que el comité de crisis tendrá alguna idea para mañana.

–Sí, ya, el comité de crisis, los *talentosos*. Desde que tenemos talento, parece que no hacemos más que ir a peor.

–Ángel, tranquilízate. Parece como si estuvieras celoso de no estar en ese colectivo.

–Pues sí, porque parece que son los únicos que tienen las ideas. Y no me digas que tú no te sientes así.

–Pues en parte sí, pero también reconozco que ellos lo han hecho mejor.

–Olga, ¿no me estarás hablando en serio, verdad?

–Mira, Ángel, es cierto que no creo que todos los que están en ese grupo tengan talento como dicen, pero al menos traen otra forma de pensar.

–Vale, puede ser. Pero creo que no es justo que se menosprecie a aquellos que conseguimos poner en éxito la organización y consolidarla.

–La verdad es que tienes bastante razón. Creo que el talento no es tanto conocimiento, sino actitud con c, es decir, personas valientes, con ganas de proponer, de asumir riesgos, de equivocarse, aunque suponga empezar desde cero otra vez, y eso no está reñido con la edad.

–Olga, no sé tú, pero yo tengo la sensación de que no nos escuchan. Solo toman en cuenta la opinión de ellos. Francamente a mí me han ido mutilando las ganas. Recuerdo mi última presentación. Estuve trabajando en ella durante un par de semanas. Si recuerdas, en mis primeros cinco minutos ya empezaron a preguntar a otros cómo se podría hacer de otra forma, qué podría cambiarse. Ni tan siquiera me dejaron la oportunidad de acabar toda mi propuesta; ni tan siquiera en el momento de réplica. Como decía la reina de Suecia, Cristina II, «el secreto de poner en ridículo a las personas reside en conceder talento a aquellos que no lo tienen».

–Ángel, no te pongas así. Creo que tampoco fue como lo pintas. Yo estuve en esa reunión y mi percepción fue que solo querían construir sobre lo que tú estabas diciendo.

–Claro, Olga, ¡como no eras tú la que te enfrentabas a ellos! Así es muy fácil opinar.

–Bueno, esa es tu visión. Discúlpame, Ángel pero tengo que dejarte. Voy a llamar a casa para avisar de que ya estoy de camino. Mira qué horas son.

–Tienes razón. Bueno, dale un beso a tu pequeña y que descanses. Hasta mañana, Olga.

–Hasta mañana, Ángel.

2. Talento o entusiasmo

Al colgar, aún continuaba sonando el CD en el coche. Sinceramente lo agradecí, ya que la música aplaca mi espíritu. Con la conversación mantenida me sentía un poco agitada.

Eran las 20.00 de la tarde y aunque no te lo creas había atasco en la autovía M-40. En fin, hace años me crispaba esta situación. Ahora casi lo agradezco, porque son mis momentos. Nadie demanda mi atención y puedo sumergirme en mis pensamientos sin límites.

Quizá la música, quizá las sensaciones que aún quedaban, me llevaron a preguntarme cuándo fue la ultima vez que propuse alguna idea, algún cambio. Me estremeció pensar que me estaba convirtiendo en un ser como Ángel, lleno de rencor, de miedo; una persona que casi se alegraba de que aquellos que eran considerados buenos se equivocasen.

Aún recuerdo la primera vez que me hablaron del talento. Ese concepto, *talentum,* era como se llamaba a la moneda antigua de los griegos. En el lenguaje coloquial es como una aptitud natural para hacer algo sublime. «Pero, ¿qué es el talento?», me pregunto. Quizá sería aportar sobre algo ya creado, porque si se trata de algo que rompe con lo existente, más que talento, podrías decir que es obra de un genio. Lo que sí parece es que el talento se muestra en la tarea y, por tanto, no tendría por qué ser una condición innata o un don divino. Y aquí la motivación y el clima de trabajo también tienen mucho que decir. Está claro que si alguien tiene sensibilidad artística, alta puntuación en pruebas de inteligencia y demás, influirá seguro. Pero de nada sirve ser un genio si no tienes la oportunidad de expresarte. Decía el escritor Francisco Umbral que el talento, en buena medida, es una cuestión de insistencia. Quizá uno se hace viejo cuando el espíritu se apaga y no por las arrugas de su piel.

Navegando entre estos pensamientos regresé a la conversación mantenida con Ángel y a la reunión que habíamos tenido en el hotel. Estaba claro que había un desafío encima de la mesa. Era una oportunidad. Lo fácil era adoptar la postura de «total, como no soy a la que miran para encontrar soluciones, pues yo tampoco hago nada y me dedico a mirar también a otros, a ver si alguien tiene la idea maravillosa». «¡Venga, Olga! ¿Pero dónde quieres estar: entre los derrotados o entre los que intentan luchar?», me dije.

Tengo que contarte que en diciembre mi jefe tuvo conmigo una conversación algo difícil. Me dijo que tenía potencial, pero no talento, aunque era una persona clave en el equipo. Supongo que algo dentro de mí se desterró a algún confín de mi autoestima. Tras esas palabras se produjo un cambio en mis ganas de aportar, de crear, de compromiso, de sentir que era parte responsable de los éxitos y fracasos de mi empresa. Sí, mi empresa. Quizá también esto cambió. Antes la vivía como mía y en los últimos meses hablaba de ella como si conmigo no fuese.

De repente, me recorrió un escalofrío por el cuerpo. Me dije a mí misma: «venga Olga, claro que tienes talento, solo que no lo han visto o que no se acuerdan. Quizá haya llegado el momento de recordarlo».

Vestimos el talento con evidencias tangibles como la juventud o haber vivido fuera de tu país. Estos parecen ser los primeros indicadores, quizá el primer filtro. Pienso que no puedes gestionar a toda una empresa como si fuesen talentosos. Creo que hace falta todo tipo de perfiles y entre ellos no puedo descontar a los más maduros o más experimentados. Se trata de un talento invisible que posiblemente no se deja florecer ya que bajo el prisma de esos dos indicadores (juventud y vivencia internacional) las ganas de aportar se esconden. Decía el escritor Mariano José de Larra que «el talento no ha de servir para saberlo y decirlo todo, sino para saber lo que se ha de decir de lo que se sabe».

Con este debate interno, por fin llegué a casa. Al oír el coche llegar, mi hija bajó corriendo al garaje y me estrujó en un abrazo. Nada más bajarme me cogió de la mano y tiró de mí para enseñarme su dibujo mientras decía:

–¡Ven mamá, corre! ¡Ven, mira lo que te he pintado! –exclamaba mientras tiraba de mí con todas sus fuerzas.

Traté de dejarme en el coche todas esas sensaciones que traía para concentrarme en ella. Alcanzamos su habitación sin parar de decirme lo que había hecho hoy e insistiéndome en que si mañana llegaba pronto podríamos ir a montar en bici. La siguiente frase me estremeció. Me dijo que aunque se cayó el fin de semana pasado y tenía algo de miedo quería intentarlo otra vez. De lo contrario, ya no podríamos explorar por el parque.

Lo cierto es que consiguió en cuestión de minutos enfrascarme en su proyecto. Miré su dibujo, que representaba una familia que iba en bicicleta por el campo. Me sorprendió algo por encima de todo: sus caras, sus sonrisas. La miré con la ternura y el amor de una madre orgullosa y la abracé. «¡Esto es talento!», me dije.

Después de acostarla y compartir con ella los últimos ratos del día, cogí el iPad y abrí las notas. Tenía que pensar como una ganadora, como alguien capaz de encontrar la solución. Si piensas que es posible, puedes lograrlo. Mis ideas fluían agolpadas. Casi no recordaba esta sensación. Frases en apariencia inconexas iban cobrando forma.

Era la 01.00 de la noche y decidí descansar. Aquella noche fue especial. Me desperté varias veces anotando los pensamientos que aparecían en mi mente en una libreta que siempre tengo en la mesilla.

Estaba tan excitada por aportar mis ideas que no esperé a que sonara el despertador. Salté a la ducha y me di cuenta de que todo lo hice con otro ritmo. Estaba alegre, me sentía viva. «¡Guau, qué subidón!», me repetía una y otra vez. Solo por esto creo que ha merecido la pena. Es curioso, tan solo un cambio en mi percepción de la realidad había conseguido modificar mi ánimo, mi actitud.

3. El reto de salir a escena

Cogí el coche y me puse en marcha. El tráfico estaba en la línea de lo habitual: colapsado. Puse música de fondo y al mirar por el retrovisor lo vi, tenía una sonrisa en el rostro que, al ser consciente, acentué aún más.

Entré en el hotel y, al llegar a la reunión, encontré que todo estaba como siempre: Ángel en una silla saboreando un café mientras miraba con ojos inquisidores a todos, Guillermo enfrascado en su iPad, Raquel jugueteando con el boli mientras revisaba sus notas y John tratando de explicar con su medio español al resto del grupo un incidente que tuvo ayer por la tarde al salir del hotel.

Peter, el director general, entró sonriendo. Hizo una broma a Carlos, que estaba en la puerta, y todos nos fuimos acoplando en los sitios de siempre. Es curioso ver cómo somos animales de costumbres, cómo instintivamente buscamos la zona de confort.

Peter abrió la reunión y solo escribió este mensaje en el papelógrafo: «definid tres acciones que nos ayuden a reducir los gastos». Se giró al grupo y preguntó: «¿habéis pensado algo?». En ese momento sentí cómo me temblaban las manos. «¡Qué curiosa sensación!», me dije. Había estado toda la noche apagando y encendiendo la luz anotando ideas. Hacía tanto tiempo que no tenía un minuto de gloria que pensé que la voz tampoco me respondería cuando expusiera mis aportaciones. Todo se resumía en una palabra: miedo. ¡Ajá, te identifiqué! Al igual que los artistas sienten mariposas en el estómago cuando salen al escenario, en ese momento creo que solo me faltaba volar para convertirme en una.

Respiré y tiré del coraje que necesitaba para levantar la mano y pedir la palabra. De pronto todos se giraron sorprendidos. El hecho de descubrir ese efecto entre mis compañeros me dio el empujoncito final para pronunciar la primera palabra. A partir de ahí todo fluyó. Me incorporé del asiento y empecé a argumentar los objetivos de mis acciones y los beneficios. Mis compañeros, los talentosos, me hicieron preguntas para profundizar sobre mis ideas. Peter finalmente cerró la reunión tomando dos de mis propuestas. Me felicitó por la implicación y me facilitó los recursos necesarios para montar el equipo de trabajo que diera forma y concreción a mis ideas. La cara de Ángel al salir de la sala fue un poema.

El resto del día fue un suspiro, entre organizar y planificar los proyectos, las reuniones, analizar, ver… Miré el reloj y el día había volado.

Ya en el coche, de camino a casa, buscaba la manera de poner en práctica algunos de los proyectos. Sonó el móvil. En la pantalla vi el nombre de Ángel. No pude evitar sonreír y pulsé el botón verde.

–Hola, Ángel, ¿qué tal estás?

–Enhorabuena, eres una campeona, ¡te has salido! Nunca imaginé que se te ocurrieran esas cosas ¡y a ti solita!

–No seas bobo. Tenemos mucha información para que a cualquiera se le hubiese ocurrido. Solo necesitábamos estar concentrados, poner el foco en lo importante y ¡eureka! Decía Thoreau que «las cosas no cambian, cambiamos nosotros».

–Sea lo que sea, me encanta que hayas sido tú quien sugiriera las cosas, no los mismos de siempre, y que además te tuviesen en cuenta.

–La verdad, Ángel es que hoy he comprendido que tenemos demasiadas etiquetas que condicionan nuestro comportamiento, y lo peor, nos limitan. Inventamos enemigos para justificar nuestra inactividad porque sencillamente tenemos miedo a perder nuestro confort. Hay que soltarse el pelo, Ángel. Debería ser un ejercicio diario buscar siempre sorprendernos a nosotros mismos. Es increíble pero las peores trampas nos las ponemos nosotros.

–Gracias por demostrarme que tú puedes. Para mí ya es muy tarde –objetó Ángel.

–¿Tarde? No fastidies. Aún te quedan casi 20 años de vida laboral. Más vale que empieces a mentalizarte de que aún te queda mucho recorrido y de que deberían de multarte por no compartir y capitalizar todo eso que sabes. Quiero que sepas que el próximo día intercambiaré mi asiento en la reunión contigo. Solo quiero mostrarte que a veces un simple cambio en nuestras rutinas puede ser la chispa para crear. Decía Tolstoi que «todos pensamos en cambiar el mundo, pero ninguno piensa en cambiarse a sí mismo». Si te soy sincera, solo el hecho de sentir la euforia de querer aportar y hacer algo distinto a lo cotidiano era motivo suficiente para vivir este cambio. Sé que corría el riesgo de que no se viera como algo importante, pero al menos sería una ocasión para sentirme viva de nuevo.

Escuché un silencio al otro lado.

–Ya, pero me siento mayor para cambiar.

–¿Con 50 años? ¿Con una trayectoria impresionante? ¿Habiendo logrado los mayores beneficios que el hotel ha conseguido? ¿Sabes? El famoso Steve Jobs, mirándose al espejo, se preguntaba diariamente si lo que iba a hacer en ese día era lo que le gustaría hacer si fuese el último. Cuando la respuesta era negativa durante demasiados días seguidos sabía que necesitaba cambiar algo. Hoy me he demostrado que el talento es cosa de jóvenes, sí, pero de jóvenes de espíritu.

–No sé, Olga, quizá tengas razón pero ¡cuesta tanto!

–Date una oportunidad. Déjate ayudar. Mira con otros ojos la realidad. Kennedy nos regaló un pensamiento fundamental: «el cambio es ley de vida y cualquiera que solo mire al pasado o al presente se perderá el futuro».

–Vaya, creo que merece la pena el intento. Muchas gracias, Olga.

–De nada, Ángel. Descansa y recuerda que cada día es irrepetible, solo depende de ti cómo decides vivirlo.

Me concentré en la carretera y en el espejo retrovisor me vi reflejada. De nuevo aquella expresión de satisfacción pero esta vez acentuada. Me dije: «¡bien Olga, aún queda mucho viaje y tienes muchos proyectos aquí, o quizá en otro lugar!».

Hoy he aprendido que el talento parece ser la combinación de un excepcional desempeño presente y la probabilidad de que este se repita en el futuro. En definitiva, se trata de una apuesta futura por lo que ves hoy. Pero lo curioso es que los pilares de este desempeño no se basan en los años *per se,* sino en la propia capacidad de aprender, en usar lo aprendido en otro contexto y en la motivación de logro; es decir, en tu capacidad de adaptación a los cambios. Cuando cumples años, aunque tus capacidades físicas no son las de la juventud, tienes la ventaja de llevar un histórico de tu desempeño. Más experiencias que, si han sido bien aprovechadas para aprender, te dotarán de habilidades para afrontar los retos. Un buen desempeño te garantiza seguir cobrando al final de cada mes, porque no olvidemos que nos pagan por hacer bien nuestro trabajo. No puedo evitar sonreír al recordar conversaciones con compañeros que se sorprenden por no recibir un extra a su salario al llegar al 100% de sus objetivos. Se debe bonificar por lo excelente, no por hacer lo que se espera de mí.

La disponibilidad es otro concepto a tener en cuenta. No es lo mismo percibir mi trabajo como un mero trámite para pagar la hipoteca que estar realmente comprometido. La diferencia de la segunda postura es que me importa que mi empresa obtenga buenos resultados y ser partícipe de ellos. Solo si tengo una mentalidad de empresario podré aportar valor. Será la forma de ver mi desempeño como una palanca para mejorar la cuenta de resultados y entender por qué se toman determinadas decisiones.

El mundo no gira en torno a mi ombligo sino al cliente final, que es el que nos ayuda a sacar la empresa adelante. Predicamos muchas cosas pero somos pocos los que lo llevamos a la práctica. Es momento de hacer una profunda reflexión de nosotros mismos antes de mirar fuera y si nos toca juzgar el desempeño de otros o poner la etiqueta de talentoso deberíamos formularnos preguntas del tipo: «¿a quién elegirías para trabajar contigo?». O mejor: «¿y si el que eligieses fuera en un futuro tu jefe? ¿Qué es más difícil: llegar o mantenerse?».

No olvides qué es lo que espera la empresa de ti. Al fin y al cabo se podría resumir en disponibilidad y eficiencia en el desempeño. Saber que tiene a alguien que puede incorporarse a un lugar cuando se necesita y de forma exitosa es el mayor talento que puede atesorar una compañía.

Quizá es lógico pensar que desempeñar una labor de 8,5 durante mucho tiempo podría indicar estancamiento, si no lo entendemos como la media de la valoración. El ser humano tiene sus altos y bajos, vive sus crisis personales y laborales, así como la influencia de ambas parcelas en la otra. Pero, ¿cuál es la realidad? Pues probablemente que nos encontramos en un momento donde un 7 para un joven es más valorado que un 9 en una persona con mayor experiencia o, hablando claro, con más edad. A esto le añadimos que quien suele valorar tu talento es el responsable y, ¿quién te dice a ti que no te ve como un futuro rival? Así, podría interesarle no valorar tanto el desempeño de un trabajador con experiencia. Y en esta cruzada silenciosa e invisible es cuando un trabajador con motivación y con grandes capacidades ve minimizado el valor de su aportación, reducidos los ambientes para que se produzca dicha aportación. En suma, cuando la empresa quiera darse cuenta ya se habrá marchado.

Decía el escritor Van Dyke: «utiliza en la vida los talentos que poseas: el bosque estaría muy silencioso si solo cantasen los pájaros que cantan».

13

Enviado especial: la incertidumbre de lo desconocido

Ramón Fuentes de Juan

1. Despidiendo la expedición de la Eurocopa e iniciando la historia

Jueves 29 de junio de 2012. Pasan unos minutos de las 22.30 cuando despido la retransmisión de Telecinco del partido de semifinales de la Eurocopa de Polonia y Ucrania entre Italia y Alemania celebrado en el majestuoso Estadio Nacional de Varsovia. Lo primero que hago es agradecer a todo el equipo de realización y técnicos de Madrid el trabajo realizado. Inmediatamente después me quito los cascos y le doy las gracias a Javier, el técnico de sonido que ha estado a mi lado haciendo posible que todo sonara de la forma tan extraordinaria que lo ha hecho. Y más en un día nada fácil como aquel jueves de finales de junio de 2012. Reconozco que estuve especialmente quejoso con mi retorno de los cascos. No me escuchaba bien y, por momentos, igual no me comporté adecuadamente o tuve palabras subidas de tono minutos antes de empezar el partido. Son los nervios propios de los preliminares de un gran evento que alrededor de ocho millones de personas iban a seguir en directo.

Quería escucharme mejor y, por más que Javier buscaba la forma de conseguirlo, aquel no era el día. Eso me iba provocando enfado y nerviosismo, algo que desapareció en el momento que empezó la retransmisión. Imagino que será obra de esos duendecillos que dicen que existen y que aparecen cuando las cosas parecen más difíciles y complicadas. Pues de verdad que no sé si haberlos haylos pero ese día consiguieron que todo mi enfado desapareciera de forma inmediata y disfrutara de uno de los eventos más bonitos de mi carrera profesional. Pocas veces puede presumir uno de haber tenido la oportunidad de retransmitir una semifinal de una competición europea.

Antes de seguir me presento. Soy Ramón Fuentes, periodista deportivo en la cadena de televisión Telecinco. Los que hemos tenido oportunidad de llevar a cabo cometidos laborales complejos, y encima fuera de nuestro entorno habitual, sabemos la enorme incertidumbre que te genera. El mundo de la televisión es vertiginoso y, al igual que un iceberg, lo que se ve es una pequeña parte de lo ocurre detrás de las cámaras. Quiero contarte mi experiencia junto a los compañeros de este viaje para que conozcas qué hizo posible minimizar esta incertidumbre. Y para ello quiero concentrar las experiencias más relevantes vividas durante 23 días en solo 24 horas, porque el último día era el resumen de una experiencia extraordinaria surfeando la incertidumbre de un enviado especial en el extranjero.

Si te parece bien, continúo con mi ritual porque, de lo contrario, me pierdo. Una vez felicité y di las gracias a Javier, me fundí en un abrazo con Julio Maldonado *Maldini*. Era el abrazo de agradecimiento, cariño, a la vez que el abrazo de admiración por un excelente profesional y extraordinaria persona. Acabado el partido, se ponía punto final a una deliciosa aventura que había durado unas tres semanas y donde ambos fuimos inseparables.

Pero siguiendo con mi despedida, sentí algo especial cuando dije adiós a Julio, cuando nos fundimos en ese abrazo. No tengo duda de que en esta Eurocopa nació una amistad que será para siempre y que nada ni nadie podrá romper. Porque Julio no solo ha sido mi compañero de aventuras en diez de los once partidos que tuve el honor de hacer en la Euro 2012. Ha sido mucho más que eso.

Julio Maldonado es un libro abierto, una fuente de sabiduría del mundo del fútbol. Pero además es una persona repleta de valores humanos, amable, afable y gracioso. Jamás olvidaré su coletilla «una bacalá infame» (algo desastroso). Maldini ha estado ahí siempre que fue necesario y bien sabe que estaré a su lado de la misma e incondicional manera.

Tras ese abrazo largo y sentido con Maldini llegó el momento de mirar al cielo, de pasar revista a 23 días de intenso trabajo, a muchas horas metidos en un avión, otras tantas en coche, a horas y horas de preparación de documentación para esta gran cita.

Por un momento, y a modo de fotogramas, se me pasan todas estas imágenes por la cabeza. Por un instante dejo de escuchar el ruido del estadio, a los miles de hinchas italianos disfrutando de su victoria. Respiro hondo, con la satisfacción del trabajo bien hecho, acabado y finalizado. Ahora llega el momento de hacer las maletas, de volver a casa. En cuestión de horas me espera un avión en Varsovia para regresar a Madrid y empezar mis vacaciones.

Pero es el momento de la morriña, de pensar que ¡ya se ha acabado todo! ¡Qué pena! ¡Con lo que he disfrutado! Mas son los avatares de la vida, de la profesión: siempre hay un comienzo y también un final y este ha llegado. Es por este, y muchos otros motivos, por los que he querido titular así esta experiencia: «El enviado especial: la incertidumbre de lo desconocido». Porque siempre es bueno que conozcas todas las cosas, las personas que están trabajando en un gran evento como una Eurocopa de fútbol. Nombres como Elena Garrido, Esteban Bañuelos, José Naranjo, Julio Maldonado, etc. Y un largo número de personas que hicieron posible el trabajo de un enviado especial. Mi aportación fue darle voz y forma a la retransmisión. Sin ellos nada de esto hubiera sido posible. Decía Patrick Lencioni que «trabajar en equipo no es una virtud, es una elección consciente y voluntaria que surge construyendo lazos de confianza basados en la vulnerabilidad humana que muestran los integrantes del equipo ante sus errores, temores y dificultades».

Fueron 24 horas intensas en las que logramos el objetivo. Pero lo sucedido en este último día solo podrás entenderlo si te cuento los avatares y emociones acumuladas anteriormente.

2. Los compañeros hacen el viaje especial

Llevar a cabo un proyecto en otro lugar es una fuente de incertidumbre constante, no sabes lo que te puedes encontrar. Todo se dimensiona. La meta es el nexo de unión. Te encuentras con compañeros que conocemos, así como otros que no, pero donde la hostilidad de lo desconocido permite que todos nos fusionemos. Decía Meter Bamm que «lo que importa verdaderamente en la vida no son tanto los objetivos que marcamos, sino los caminos que seguimos para lograrlo».

Así que para que entiendas mejor esta experiencia quiero arrancar presentando a las personas clave que compartieron conmigo esta aventura. Debo reconocer que son cuatro a los que sumo un quinto que merece también un guiño por su especial humanidad, apoyo y cariño. Se trata, como comenté unas líneas antes, de Elena Garrido, Esteban Bañuelos, José Naranjo y Julio Maldonado. El quinto no es otro que José Antonio Martín Otín *Petón*. Sí es cierto que conviene empezar comentando que nosotros, este grupo humano, éramos un satélite (por llamarlo así) del gran centro de operaciones del grupo Mediaset en Polonia. Junto a la Selección Española de Fútbol estaba el grueso del equipo, capitaneado por José Javier Santos (J. J. Santos).

Permíteme que te presente a todas y cada una de las personas que trabajaron detrás de las cámaras. Son esa parte oscura, que no tiene titulares, que no aparece en ningún lado, que son anónimos a los ojos del mundo entero, pero tan importantes como el primero. Insisto, solo con ellos y gracias a su trabajo se entiende mejor esta incertidumbre que rodea la apasionante aventura de un enviado especial.

Elena Garrido era la única dama del grupo, por eso qué menos que empezar con ella. Habitualmente trabaja en la coordinación de fin de semana dentro del departamento de Producción de Informativos pero fue elegida para producir lo que se llamó el «grupo B de retransmisiones». Elena es una incansable del trabajo, meticulosa en todas sus actuaciones. Lo lleva todo perfectamente anotado. Podríamos decir que es el prototipo de guardaespaldas que controla y registra todos mis movimientos. El objetivo es que nada falle, que todo salga perfecto y que esté controlado hasta el más mínimo detalle. Debo reconoceros que transmite una sensación de seguridad que se contagia a todo el que la rodea.

A Elena no se le caen los anillos, asume responsabilidades o funciones que se salen de lo propiamente estipulado en el trabajo de producción. Siempre está dispuesta a todo. Sin ella, no podríamos haber lavado la ropa en Wroclaw (localidad de Polonia donde se jugaron algunos encuentros del grupo A). Tampoco habríamos salido pitando de muchos estadios donde estábamos encerrados ante los monumentales atascos que se formaban al acabar los partidos. Y así miles de cosas más. Especialmente en mi caso, sin ella no podría haber paseado mi maletón por los distintos aeropuertos polacos que tuvimos que visitar. Siempre asumió sin problemas que había que pagar el sobrepeso de mi equipaje. Allí estaba Elena, con su sonrisa en la cara, con su cartera con el dinero organizado de forma matemática, para solucionar uno de los miles de entuertos que rodean un acontecimiento de este calibre.

Debo reconocer que, a primera vista, parece seria, callada, distante. Pero detrás de ese parapeto inicial se esconde una persona extraordinaria y una grandísima profesional. Es más, diría que se hace querer con sus actos, sus palabras. A mí me ha ganado para siempre. Sin ella, no sé qué habríamos hecho en multitud de ocasiones.

Esteban Bañuelos es otra de las patas esenciales de este grupo humano. Esteban es cámara en los Servicios Informativos de Telecinco y también fue asignado para este famoso grupo B de retransmisiones. Pocas veces, por no decir casi ninguna, había salido con Esteban a grabar cosas. Bien es cierto que, dada mi situación, ahora mi vida diaria en la televisión discurre más entre platós y coordinando distintos informativos. Pero también con Esteban se ha creado un *feeling* especial. Primero porque trabaja de forma extraordinaria. Nunca tiene una mala cara, un mal gesto, un reproche a las miles de cosas que se le pueden pedir en una grabación. Él siempre trata de aportar, de mejorar la calidad de lo que se está haciendo. Un caso evidente son los distintos anuncios de publicidad que tuve que grabar durante mi estancia en Poznan (sede de algunos partidos del grupo C), en

Wroclaw o en la mismísima Varsovia. Allí estaba Esteban para aportar su granito de arena, para dar su visión profesional, para tratar de mejorar el producto.

Si a todo esto, que no es poco, le sumamos que los dos somos unos locos del deporte, la mezcla es explosiva. No hubo día en la Eurocopa donde no madrugáramos para ir a correr juntos, ya fuera en Wroclaw o en el mismo Poznan. Y también aquí creamos un nexo de unión muy fuerte. Creo sinceramente que con estos pequeños detalles se construyen grandes relaciones. Más cuando estamos hablando de convivencias tan largas y durante tantas horas al día.

José Naranjo es aquella pata de una mesa que no puede faltar porque, si no, cojea estrepitosamente. Es esa persona que todo grupo humano necesita para hacer viable una convivencia. Es indispensable y su valor añadido solo es apreciable cuando estás cerca, cuando convives a su lado. Entonces le admiras y te das cuenta de que con personas como José Naranjo es fácil pasar tantas horas al día.

José fue mi técnico de sonido en los estadios en nueve de los once encuentros que retransmití en la Eurocopa de Polonia y Ucrania. Es otro meticuloso del orden como yo. Siempre que llegaba a mi cabina de retransmisión en el estadio, él ya lo tenía todo perfectamente organizado. Cada cosa en su sitio, como a mí me gusta. Y el sonido siempre perfecto. Si a todo esto, que no es poco, le sumamos ese calor humano, esa sonrisa que transmite, la mezcla se hace explosiva y extraordinaria. Porque no le he visto hacer una sola mueca en todos los días que hemos estado juntos. Al contrario, siempre ha sido el primero en hacer una broma, en buscar la complicidad, en romper los silencios, en convertir una convivencia en algo inolvidable.

Todo lo que tiene de grande lo tiene de buena persona y excelente profesional en su trabajo. Sin él tampoco habría sido posible que mi trabajo saliera adelante, que el sonido de mis locuciones llegara a todos los rincones con la calidad que lo hizo.

Julio Maldonado «Maldini»: Julio, como sucede con Elena y el propio Esteban, aparecerá muchas veces en mi capítulo. Él ha sido, como ya expuse líneas arriba, una de las mejores cosas que me llevo de la experiencia de la Eurocopa. Apenas le conocía, solo habíamos hablado en el Mundial de Sudáfrica en Johannesburgo y un par de veces por teléfono. Y cómo cambian las cosas cuando le conoces en las distancias cortas. Julito, como le acabé llamando, es un tipo sencillo, cercano, agradable y con los pies en el suelo. Es un loco enamorado de lo que hace. Es lo más parecido a una oficina andante con su iPad, iPhone, su otro teléfono de empresa, sus artículos para el periódico. No para durante las 24 horas del día. Pero todo lo hace con una sonrisa en la cara. Disfruta como un niño con unos zapatos nuevos. Si a eso le unimos su vasto conocimiento del mundo del fútbol, ¡qué más le podemos pedir! ¡Es tanto lo que he aprendido a su lado en estos 23 días de trayecto! Cada partido se ha convertido en una aventura nueva; yo solo me he dedicado a escucharle. Pero también tiene su lado friqui, impagable, cercano, cariñoso, con su Twitter siempre abierto. Podría estar días y días hablando de Julio Maldonado, pero volverá a aparecer en este relato.

José Antonio Martín Otín «Petón», del que no he querido dejarme un solo apellido para que vea cómo están reconocidos sus orígenes maternos y paternos. Con José solo compartí un partido, el de más nervios, el Rusia-República Checa de la jornada inaugural del 8 de junio. Y fue una gratísima experiencia. En todo momento me transmitió esa tranquilidad que yo necesitaba, la paz suficiente para apaciguar mi tormenta de nervios. Todo salió perfecto. Muchas gracias, José. Gracias también por una llamada recibida justo el día después para disfrutar de los datos de audiencia. Petón es como se ve, no tiene dobleces, ni segundas caras, tan sencillo como parece ante los ojos del mundo entero.

Todos ellos lograron impregnar su personalidad en la expedición. Como decía Bliss Carman, «dadme una tarea en la que poner algo de mí mismo y ya no será una tarea, será gozo; será arte».

3. Lo que el ojo no ve

Una vez descrita la despedida en la retransmisión y presentados algunos de los compañeros de viaje, llega el momento de desnudar aún más esta experiencia. En definitiva, quiero que conozcas el lado más incierto de un enviado especial. Y eso pasa por relatarte mis tropelías, mis viajes, el pasear mi enorme maleta por los aeropuertos de Polonia y Ucrania. Mi objetivo es concentrar las experiencias y sensaciones más importantes que llegaron a darse durante una expedición de este tipo y que hacen que el último día vayas cargado de emociones. Decía Víctor Hugo que «la incertidumbre tiene su propio encanto; un encanto que el hombre mata con su afán de estar seguro».

Pues bien, nuestra aventura arrancó en el aeropuerto de Barajas. Allí nos encontrábamos la columna vertebral del grupo B de retransmisiones: Elena Garrido, Esteban Bañuelos y José Naranjo. Era el punto de salida hacia un largo trayecto de decenas de horas de vuelos, viajes y escalas.

En multitud de ocasiones hicimos noche en hoteles muy modestitos (por no decir otra cosa). Reconozco que el tema hoteles merecería un capítulo aparte. Muchas veces la gente desconoce las condiciones en las que nos movemos los enviados especiales. Tengo que decir que nunca he sido muy exigente. Con que tuviese lo suficiente para poder asearte en condiciones y descansar, no necesitaba más.

No sé si te ha pasado alguna vez, pero una de las sensaciones que tienes en este tipo de viajes es no poder abrir nunca del todo la maleta. Cada día es un ejercicio de colocación de las cosas; que si lo sucio por un lado, lo que iba a utilizar en otro. Siempre con el miedo de que cuando llegara el momento de cerrarla pudiera hacerlo sin problemas. La verdad es que tiene su secreto saber cómo llevarte una maleta a miles de kilómetros de tu casa y poder colocar las cosas como Dios manda. Pero es otra de las grandezas del enviado especial. Todo ello te hace madurar, valorar mucho más las cosas, saber qué es lo que tienes y lo que realmente echas de menos a tantos de kilómetros de casa. Cuando tienes la oportunidad de dormir de forma continua en una misma habitación y de un mismo hotel, después de días de vaivén, es cuando empiezas a valorar lo que esto significa. Porque esa sensación de no poder colocar tu ropa, tus cosas, allí donde vas es la máxima expresión de la soledad que un enviado especial afronta. Decía Philip Sydney que «no están jamás solos los que están acompañados de nobles pensamientos». Saber que eres un errante que hoy estás aquí, mañana en otro lugar y pasado.... ¿quién sabe dónde estarás pasado? Cada noche en una habitación distinta, una cama distinta, un espejo distinto donde mirarte a la cara o una ducha donde limpiar tu suciedad externa e interna. Pero siempre con la sensación de ser un privilegiado, de que, al día siguiente, puedes recoger todas tus cosas porque te espera otro día de trabajo haciendo lo que más te gusta y por lo que pagarían miles de personas. Si pusiera todo esto en una balanza, toda esa soledad que arrastras en tu maleta se compensa con 90 minutos de un partido intenso. Saber que estás disfrutando de algo histórico. Pensar los millones de personas que están pendientes de tu trabajo. Y ante todo esto, no hay soledad que lo supere.

En uno de los momentos de mi experiencia tuve oportunidad de acercarme al lugar donde estaba el centro neurálgico de operaciones de Mediaset. Allí donde se hacían todos los informativos, ya fueran de Cuatro o Telecinco. Una vez allí, comprobé el enorme trabajo que debían realizar diariamente. Horas y más horas en una habitación contigua a la unidad móvil y al estudio habilitado para los directos. Un inmenso trabajo de muchas personas anónimas de cara a la gente. Porque además de Manu Carreño, Juanma Castaño, J. J. Santos, Sara Carbonero, etc., hay un grupo de trabajo brutal. Allí estaba el equipo de producción encabezado por Ana Crespo; el de realización, con Fernando; o el responsable de publicidad con Óscar Ortiz de Urbina a la cabeza. Todos ellos son un simple ejemplo de las decenas de personas que convirtieron aquel sueño en realidad.

Trabajar en un evento de este calibre exige una disciplina espartana, asumir que todos los días pueden ser iguales, pero que tu trabajo, aunque muchas veces perdamos la perspectiva, es muy importante.

Debo reconocerte que me chocó pasar de mucha actividad a descansos activos. Pero quizá en estas situaciones es donde abres tu mente y haces una reflexión más profunda. Esto te ayuda a encontrarte contigo mismo. Te das cuenta de que no somos conscientes de la responsabilidad que asumimos y de la suerte que tenemos.

Como habrás visto, no todo es de color de rosa en una estancia para cubrir un evento del calibre de una Eurocopa de fútbol. Quiero compartir contigo una experiencia que representa la incertidumbre que pasas cuando te encuentras en un país extranjero para acometer tu trabajo. Cuando sales de tu país, todo se magnifica. Lo que es normal aquí se transforma en obstáculo a superar en otro lugar.

Lo vivido aquella noche en la frontera de Rava Ruska fue lo más cercano a los años de la Guerra Fría. Allí diariamente cruzan miles de coches bajo un control policial férreo, lo que puede llevarte a tener que permanecer durante horas en una fila de vehículos esperando que te den el permiso para entrar en territorio polaco. Pues bien, íbamos en una furgoneta Maldini, Elena, José Naranjo y un servidor. Reconozco que nos las prometíamos muy felices porque la UEFA estaba avisada de nuestra presencia esa noche en ese puesto fronterizo. Pero hubo un error logístico, que no viene al caso explicar, y lo que debería haber sido una espera de una media hora o tres cuartos de hora como máximo acabó convirtiéndose en una larga agonía que nos tuvo más de dos horas parados. Apenas había diez metros entre suelo ucraniano y polaco. De verdad que es muy difícil expresar lo que pudimos vivir aquel día en Rava Ruska. Todos iban vestidos con su atuendo militar, más propio de hace 50 años, de aquellos años donde todos éramos enemigos de todos, donde existía esa amenaza alemana y posteriormente soviética en la Europa central. Lo primero que hacen cuando te reciben es pedirte el pasaporte. Minutos después regresan al coche para comprobar que los pasaportes coinciden con cada una de las personas que están en su interior. De verdad que son imágenes impensables en pleno siglo XIX. Todo debe quedar registrado si deseas atravesar o regresar desde Ucrania a Polonia. Una espera que suele suponer una media de 30 minutos pero que, en el peor de los casos y como nos sucedió a nosotros, te puede tener retenido cerca de hora y media en una distancia de diez metros que separa ambos países.

Eran varias las colas de coches que se agolpan en el puesto fronterizo. Cada poco tiempo se acercaba otro militar para preguntarte algo nuevo o volver a pedirte una vez más tu pasaporte. Luego llegaba el chequeo con linterna del maletero con la pregunta de si tenemos algo que declarar. La imagen no solo era tétrica y fría en este pasillo encerrado, sino también en todos los alrededores del puesto fronterizo. Solo se veían vallados y edificios militares. Se trataba de la otra Eurocopa, el puesto fronterizo de Rava Ruska, a escasos kilómetros de Liev, una de las sedes elegidas para acoger el grupo B de la Eurocopa.

Reconozco que al principio nos lo tomamos con cierta guasa, empezando por José. Pero esa broma fue pasando a convertirse en algo más serio cuando veíamos que transcurrían los minutos y seguíamos atrapados en esa cárcel del siglo XXI. Hasta Elena tuvo que llamar a la propia UEFA para quejarse de la situación. Después de mucha paciencia, papeleo y exámenes, logramos pasar a suelo polaco.

4. El antídoto contra la incertidumbre

¿Cómo solventé toda esta incertidumbre que me acompañó? Pues en primer lugar, con la confianza en mi método de trabajo. Decía Ben Jonson que «la confianza en sí mismo en el requisito para las grandes conquistas». Desconozco cómo trabajan el resto de narradores. Ya sabes el dicho de que «cada maestrillo tiene su librillo». Me considero un metódico y hasta un poco obsesivo a la hora de prepararme para locutar un partido.

Esta obsesión, esta mecánica alemana, viene de mi extensa experiencia narrando partidos para el sistema de pago de por visión con Audiovisual Sport. Desde 1998 hasta el año 2010 estuve locutando domingo tras domingo un partido de Primera División en esta modalidad de fútbol que existió en nuestro país en la primera década del siglo XXI. Y la gran mayoría de ellos fui el narrador del Atlético de Madrid. Exactamente desde la segunda parte de la temporada en el infierno (así se define su año en Segunda División), hasta la desaparición de Audiovisual Sport. Durante todos estos años tuve como comentarista al exjugador rojiblanco Juan Carlos Pedraza. En estos años aprendí que prepararse un partido de fútbol en televisión exige un alto nivel de documentación. Eso implica buscar multitud de datos en internet, clasificaciones, precedentes entre ambos equipos. Esta rutina espartana de trabajo la llevo a rajatabla en el resto de grandes eventos que tengo que cubrir: tres Campeonatos de Europa de fútbol sala, el Campeonato de Europa Sub20 en 2010, Campeonato de Europa Sub19 y Sub21 en 2011, dos Mundialitos de Clubes y, por supuesto, esta Eurocopa.

Narrar un partido de fútbol requiere mucho más que solo contar lo que ves. Debes demostrar que sabes de lo que hablas y eso solo se hace estando perfectamente preparado. Fueron muchas las horas en la sala de prensa de los estadios polacos o ucranianos preparándome los partidos en mis planillas.

Además siempre pongo muchos colorines porque incorporo muchos datos, y así puedo leerlos con facilidad durante la retransmisión. De verdad que es una rutina obsesiva pero que me aporta una enorme seguridad. Me permite salir al coso taurino sabiendo que voy a controlar al toro, a moverlo a mi gusto. Es una sensación de confianza extraordinaria y necesaria.

Puedo llegar a perder cerca de una hora u hora y media preparándome toda esa planilla con los datos de los 22 jugadores que van a saltar al campo. Sobra decir que la documentación que allí incluyo no fue sino el resultado de un trabajo de investigación que me llevó cerca de tres meses y que llevé en mi ordenador desde España.

Horas y horas delante de mi ordenador buscando datos de cada una de las 16 selecciones participantes en la Eurocopa de Polonia y Ucrania: datos históricos, títulos conseguidos, seleccionadores, jugadores, enfrentamientos históricos con otras selecciones, etc. Un arduo trabajo que solo mi señora esposa sabe lo que significa porque lo sufrió durante todos esos meses que me encerré en mi habitación para trabajar.

Por ello, a partir de ahora, cuando escuches a alguien contando un acontecimiento deportivo en televisión, escucha con detenimiento y verás cómo, si es un buen periodista, aporta datos imposibles de memorizar en su cabeza. Son el fruto de su trabajo, de su preparación.

Además de la seguridad en mí mismo, otro de los elementos que me ayudaron fue la confianza en el equipo. De nada servía colgarse las medallas uno solo. La soledad es una de las sensaciones más ingratas. Dicen que las alegrías compartidas valen doble o que las penas con pan son menos. Por eso es bonito saber y ver en las caras de tus compañeros la alegría del trabajo bien hecho, como también la tristeza de cuando las cosas no salen como todos esperaban. Porque también aquí ese gesto de no estar conforme refleja el enorme grado de implicación que se tiene. Sin duda, la indiferencia sería lo más preocupante en todas las actividades de la vida, más incluso en las profesionales. Decía Michael Jordan que «en un equipo, no todos pueden pretender tener la misma fama y prensa, pero todos pueden decir que son campeones». Y aquí es fundamental ser agradecido y generoso. Por ello gracias a todos los que me permitieron poder participar de esta inolvidable aventura, empezando por mi jefe directo, J. J. Santos, y siguiendo con el resto de compañeros.

Y finalmente otra de las claves importantes para el éxito del equipo fue que cada uno sabíamos nuestro rol y lo que aportábamos al mismo. Aprendí que da igual tu estatus social, tu posición, tu reconocimiento social. ¿De qué sirve todo eso? En la gran mayoría de los casos, para nada. Porque después de las palmadas en la espalda llega la tremenda soledad. Y solo si has sido capaz de hacer equipo, de involucrar a la gente en esa apasionante aventura, logras evitar esa tremenda soledad.

Como decía Paul Bryant, «cuando algo resulta mal, hay que decir: "yo lo hice". Cuando algo resulta más o menos bien: "nosotros lo hicimos". Cuando algo resulta realmente bien: "ustedes lo hicieron"».

14

Lo que la sonrisa esconde
Marta Mª Ferrer González

1. Dando los buenos días

[Se enciende el piloto rojo]. Las seis en punto de la mañana, una hora menos en Canarias. ¡Muy buenos días! Ha costado levantarse, sí, pero ya estamos aquí para recibir a este miércoles 14 de septiembre. Un día, un miércoles maravilloso, en el que nos esperan muchas sorpresas. En unos minutos te diremos el número de teléfono con el que hoy puedes conseguir un maravilloso crucero por las islas griegas gracias a este programa. De momento, nos tomamos un café juntos a ritmo de Adele. Un besazo de Sofía Mateos y todo su equipo [se apaga el piloto rojo].

Pues sí, aquí estamos un día más frente al micrófono, intentando levantar al país con una sonrisa; tarea difícil con los tiempos que corren, todo hay que decirlo. Son solo las seis de la mañana y no sé cómo voy a aguantar las cuatro horas que tengo por delante. Cuatro horas parecen poco, pero créeme, son una eternidad cuando se trata de estar en directo. Esta mañana he sido incapaz de mirarme al espejo. No hace falta que ese cristal infernal me recuerde que tengo una cara que da pena. La verdad es que no recuerdo cuándo dejé de llorar después de meterme en la cama ayer y mis ojos hoy pagan las consecuencias.

Me llamo Sofía Mateos, posiblemente te suene mi nombre. A lo mejor eres uno de los que se despierta todas las mañanas conmigo, en sentido metafórico, se entiende. Tengo 38 años y soy la directora y presentadora de «El primer café», el programa matinal de TuRadio-FM. No está mal, ¿verdad? Lo sé, sé que no me puedo quejar. Dirijo un equipo de ocho personas estupendas que me acompañan en mis madrugones y que hacen que cada día el programa salga adelante. No sé qué haría sin ellos. Son mi gran apoyo diario, aunque ellos no lo sepan. ¡Ay! Espera, que Salva, el técnico, me dice que tenemos que entrar en directo otra vez.

[Se enciende el piloto rojo]. Pasan ya quince minutos de las seis de la mañana y vamos a darle la bienvenida a este miércoles de una forma especial. Hoy nuestra cita del día nos la acerca el gran Mahatma Gandhi. Él tenía su particular forma de buscar la felicidad. Para él «la felicidad consiste en poner de acuerdo tus pensamientos, tus palabras y tus hechos». Ese va a ser nuestro objetivo de hoy: ser felices. ¿Alguien puede resistirse? Pongamos en práctica las palabras de Gandhi. [Se apaga el piloto rojo].

¿Que si alguien puede resistirse? ¡Menuda pregunta! Cómo si fuera tan sencillo ser feliz. La teoría es muy fácil pero la práctica es demasiado difícil. En fin, a lo que íbamos hasta que Salva nos ha interrumpido. Me faltaba un dato que darte. Soy una llorona. Sí, no lo puedo ocultar, lo soy, pero creo que tengo motivos suficientes aunque Alejandro se empeñe en hacerme ver las cosas de otro color. Alejandro es mi marido, es psicólogo y se obceca en hacerme creer que lo que me pasa no es el fin del mundo. Y sí, soy consciente de que no lo es, pero sí que es el fin de mi mundo y no sabe verlo. Para él todo depende de las gafas con las que mire mis problemas. Siempre me habla de no sé qué teoría de no sé qué psicólogo que asegura que existen dos gafas desde las que podemos ver la realidad: las negras, que son las del pesimismo, y las rosas, que nos ayudan a analizar el problema desde una perspectiva diferente. Eso está muy bien, pero el problema es el que es y, de momento, sigue ocupando mis pensamientos día tras día y comiéndome por dentro.

Alejandro y yo llevamos casados ya ocho años y hasta hace seis éramos un matrimonio feliz, con muchos proyectos en común y con unas ganas locas de comernos el mundo. Estrenábamos un precioso ático en una zona exclusiva de Madrid y estábamos como locos por ver corretear a nuestros hijos por el salón. Queríamos tener tres, dos niñas y un niño, y ya habíamos pensado hasta sus nombres. ¡Qué bonito era todo en nuestras cabezas! Pero ese sueño se truncó cuando nos dijeron que no íbamos a poder tener hijos. Llevábamos un año intentando quedarnos embarazados sin éxito y fuimos al médico. Recuerdo como si fuera hoy las palabras del doctor Ballesteros después de innumerables pruebas: «Sofía, no vas a poder quedarte embarazada» y después una retahíla de términos médicos que no era capaz de entender. Ya no me hacía falta saber nada más. Mi sueño, nuestro sueño, se había truncado con esas seis palabras.

¡Uy, discúlpame! Se me ha ido el santo al cielo, perdona, tengo que dejarte de nuevo, Salva vuelve a levantar las manos. Entramos en antena. Le pido unos segundos, lo suficiente para secarme las lágrimas que mojan mis mejillas y dibujar una sonrisa en mi cara. Ya está, no ha pasado nada, podemos entrar en directo.

2. La terapia de la sonrisa

[Se enciende el piloto rojo]. Nos acercamos ya a las diez de la mañana, las nueve para aquellos que estén en las maravillosas islas Canarias y eso significa que nosotros le vamos a poner ya el punto y seguido a esta mañana de miércoles. Volveremos mañana, a la misma hora, a las seis. Antes de marcharnos quiero que te quedes con esta frase de W.C. Fields, un cómico estadounidense: «empieza cada día con una sonrisa y mantenla todo el día» o, como dice Héctor, nuestro productor, «la sonrisa cuesta menos que la electricidad y da más luz». ¡Hasta mañana! [Se apaga el piloto rojo].

Pensé que sería incapaz de terminar el programa pero ya está, ya puedo quitarme esta careta de mujer feliz y volver a mi presente. Y mi realidad es esa, la que te acabo de contar. Después de conocer la noticia de manos del doctor Ballesteros empezó nuestro particular calvario. Alejandro me convenció para buscar una segunda, una tercera y una cuarta opinión, pero nada cambiaba. El diagnóstico parecía ser el mismo: nunca podría ser madre. El tiempo pasaba a la misma velocidad a la que yo me iba distanciando de mi marido y encerrándome en mi micromundo. Un mundo que me había construido yo y del que no quería salir. Ahí podía llorar, patalear, maldecir por mi mala suerte y nadie me lo iba a impedir.

Hace cosa de un año, un ginecólogo de Washington al que acudimos a la desesperada nos habló de una nueva técnica de reproducción asistida. El tratamiento era costoso pero tenía un 65% de posibilidades de funcionar. No lo pensamos dos veces y empezamos con él. Ha pasado un año y he vuelto al mismo punto. Sigo llorando todas las noches esperando que algo cambie, que se produzca el milagro.

Si hay algo he aprendido en todo este tiempo, en estos seis años, es a enmascarar mis problemas en una fingida sonrisa, la que me exige mi trabajo en «El primer café». Es como la lucha entre la lógica y la emoción. Cuando se enciende el piloto rojo, cuando se abre el micrófono, mis problemas pasan a un segundo plano, tengo que darlo todo, sonreír a las miles de personas que encienden su radio en el coche y que esperan de Sofía Mateos a una mujer fuerte que le sonríe a la vida. ¡Qué personaje tan distinto a mí he construido! Somos diferentes, sí, pero durante cuatro horas me dejo llevar por esa Sofía que sabe reír y sabe disfrutar de la vida. Aunque sea un espejismo, es mi particular terapia.

¡Cómo pasa el tiempo! Son ya las 10.20 de la mañana y no he hecho nada. Levanto la vista de mi silla y veo a mi equipo trabajando. ¡Son envidiables! En ese momento una de las redactoras, Ana, se acerca a mi mesa:

–Sofía, ha llegado este correo electrónico, creo que puede ser interesante para el programa de mañana. Échale un vistazo cuando puedas y si quieres intento ponerme en contacto con ella. Se llama María y creo que tiene una buena historia.

No sé qué haría sin Ana. Entró a trabajar en la empresa hace un par de años como becaria y al verla supe que en esa chica había mucho talento. Es rápida y eficaz en su trabajo y siempre tiene una sonrisa para todo el mundo. Es mi luz en esos días en los que creo que no voy a poder ni con mi alma.

Miro el papel que me ha dejado sobre la mesa y lo aparto. Ya tendré tiempo de leerlo. Ahora tengo que hacer unas llamadas importantes. Una de ellas a mi marido. Esta mañana he salido de casa sin despedirme. No quería que me viera con los ojos hinchados y llevo todo el día sintiéndome culpable.

Son las 13.45 de la tarde y suena el teléfono. ¿A estas horas? ¡Vaya!, cuando ya creía que podía irme a casa, que había apagado un par de fuegos y había cerrado el guión del programa, una llamadita de última hora. Es el jefe, quiere analizar con todos los departamentos los últimos datos del Estudio General de Medios. Sí, son nuestras notas, los datos de nuestra audiencia y de la competencia. Son esas reuniones que prometen ser la guinda del pastel del peor de tus días. Reuniones eternas analizando datos, porcentajes, definiendo estrategias… Y todo esto con el estómago vacío, ¡imagínate!

Me despido de mi equipo, recojo los papeles que tengo por la mesa y me dispongo a ir al despacho del jefe. ¡Oops!, se me olvidaba. Tengo que coger el correo que me ha pasado Ana y que no he podido leer. En casa encontraré un hueco. Lo meto en el bolso y, ahora sí, me meto en la reunión.

Después de una hora y media, salgo del despacho de mi jefe con un montón de números navegando por mi cabeza. ¡Qué rollazo! Bueno, menos mal que esta vez ha durado dos minutos menos que la del mes pasado.

3. Cuatro frases pueden cambiarte la vida

¡No me lo puedo creer, por fin en casa! Tengo la cabeza que me va a estallar. No hay nada mejor para terminar un día duro que un buen dolor de cabeza, ¿verdad?

—Buenas noches, cariño –me dice Alejandro.

¡Qué gracioso está con ese delantal! La verdad es que ha conseguido sacarme una sonrisa, la primera desde que terminé el programa a las diez de la mañana.

–Venga, Sofía, después de un día duro no hay nada mejor que una buena cenita… Ponte cómoda que te espero –continúa.

Así es Alejandro. Me tiene entre algodones. Es lo que me enamoró de él, me trata como una auténtica princesa. A veces se me olvida y le culpo de todo lo que me está pasando, sin pensar en que él también lo está sufriendo. Le quiero y le necesito aunque me cueste demostrárselo.

Después de la cena ya me encuentro mejor, el dolor de cabeza parece que remite y justo en ese momento me acuerdo de que tengo algo pendiente: el correo que me dejó Ana. Me voy a buscarlo en el bolso y ahí está, doblado en cuatro trozos.

«¡Venga, Sofía es tu momento!, me digo a mí misma». Me acomodo en el sofá y empiezo a leer. Dice así:

«Hola Sofía:

Me llamo María, vivo en un pueblo pequeño y tengo 42 años. Te preguntarás por qué te escribo esta carta. Pues para darte las gracias.

Desde hace cuatro años vivo en casa de mis padres, ya que mi marido perdió su trabajo de albañil y hasta entonces vivimos con una pequeña ayuda del Estado y lo que mis padres pueden aportarnos. Cuido también de mi madre, a la que diagnosticaron una de esas enfermedades raras. Imagínate qué panorama. Tenemos un niño de seis años al que intentamos sacar adelante con algunos eurillos que gano cosiendo trajes a las vecinas. Pero eso sí, durante toda la mañana me acompaña una peque-ña radio que tiene la antena rota y que consigue captar la señal de tres emisoras; entre ellas, la tuya.

Siempre pienso que un día la cosa cambiará y me quedo con la energía y el entusiasmo que consigues hacerme llegar. Por eso quería darte las gracias.

Sofía, pase lo que pase quiero que me hagas un favor, no pier-das nunca esa sonrisa que nos muestras cada mañana. No solo es tu sonrisa, es la de muchos de nosotros que en algún momento de nuestra existencia nos olvidamos de ese pequeño gesto que da la felicidad. Gracias por darnos la vida, por hacernos felices, a cambio de nada».

Con las primeras palabras de María se me encoje el corazón y no puedo evitar que los ojos se me humedezcan. Noto cómo la piel se me pone de gallina y se me hace un nudo en la garganta. Solo espero que no entre Alejandro en el salón en este momento porque creo que sería incapaz de pronunciar palabra alguna. Su historia, su forma de escribir hacen que, por un segundo, pueda vivir lo que ella está viviendo. Seguro que te ha pasado alguna vez, que conectas con una historia hasta el punto de sentir lo que su protagonista está viviendo. Pues eso me ha pasado a mí.

Después de leer el correo no puedo quitármela de la cabeza. Su fuerza y sus ganas de vivir a pesar de su historia. Ella, sin saberlo, me ha enseñado que la felicidad puede ser una sonrisa que escuchas por la radio, el sol entrando por tu ventana, la música que suena de fondo, una fotografía del mar o los recuerdos que evoca un perfume. La felicidad de un segundo que perdura durante todo el día, esa felicidad que supera cualquier problema, incluso el mío.

Respiro hondo y siento que el tiempo se para. Estoy en mi casa, sentada en mi cómodo sofá de cuero blanco, el que elegimos Alejandro y yo antes de casarnos, y de pronto es como si nada existiera. Empiezo a ver mi vida desde otra perspectiva, como si fuera una espectadora sentada en la butaca de una sala de cine. Mi día a día, mi trabajo, mis problemas, no me han dejado ver más allá, me han impedido apreciar las pequeñas cosas que antes me provocaban una sonrisa, que me hacían ver la vida con optimismo. Mi rutina se ha convertido en un tupido pañuelo que me ha mantenido cerrados los ojos hasta que alguien ha sido capaz de quitármelo. Ese alguien ha sido ella, María, una desconocida que ha entrado en mi vida en forma de correo electrónico. Ni mis amigos, ni mi marido, ni mi familia han sido capaces de hacer desaparecer esa venda y es que, seguro que a ti también te pasa, cuando nos dice algo bueno alguien ajeno a nuestro círculo le damos más valor. Puede ser triste, sí, pero es así. Si un desconocido te dice lo guapa que estás una noche, le crees más que a tu marido cuando te lo ha dicho al salir de casa. No me preguntes por qué, eso ya lo analizaremos otro día, pero es así. En ese momento noto que me tocan en el hombro. Es Alejandro, me he quedado embelesada, absorta en mis pensamientos y no me he dado cuenta de que ya es hora de irse a dormir.

El día de hoy me ha dado una buena lección, especialmente el correo de María y sus últimas cuatro frases. Mi mente me repite una y otra vez: «no pierdas nunca esa sonrisa». Con una sonrisa dibujada en mi cara me quedo dormida, tranquila, en paz y abrazada a Alejandro. ¡Cuánto tiempo hacía que no sentía tan cerca su respiración!

¡Riiinng!, el sonido de mi despertador hoy suena especial. Son las 04.30 horas de la mañana. Es la primera noche en mucho tiempo que he dormido como un bebé. Hoy me siento bien. Me miro al espejo y veo a una Sofía diferente. Sí, es verdad, más guapa, más fuerte y con más ganas de vivir. Creo que en la Sofía de hoy hay un poco de María y de su fuerza y vitalidad. Sí, no tengo ninguna duda, la Sofía de hoy no se va a hundir ante la adversidad, no se va a rendir frente a los problemas. No, porque la Sofía que veo frente al espejo va a ser capaz de conseguir todo lo que se proponga. También va a conseguir ser madre, lo sabe.

En ese instante me acuerdo de una frase que leí en un artículo de Eduard Punset: «la felicidad es la ausencia de miedo». Ya no tengo miedo de caerme porque sé que me voy a volver a levantar pase lo que pase. Sé que voy a ser feliz. No lo puedo evitar, hoy la sonrisa la llevo de serie, ya no tendré que fingirla cuando se encienda el piloto rojo. Mi sonrisa ha sido mi medicina y, sin saberlo, también la de muchos que estaban al otro lado cuando yo me creía sola.

Le doy un beso a mi marido, que sigue durmiendo, y me voy a la radio. Hoy va a ser un buen día, lo presiento. Al llegar al coche, antes de arrancar, cojo mi agenda y, sobre el día de hoy, 15 de septiembre, apunto: «llamar a María para darle las GRACIAS».

15 | La soledad en la gestión del cambio
Pablo García Sampedro

1. De vuelta a casa

Son las 06.30 horas y lunes. Suena la alarma de mi iPhone. Generalmente la programo con diez minutos de tolerancia, suficientes para poner en marcha mi sistema de localización (en qué ciudad me despierto, que día de la semana es y cuál es el objetivo principal de la jornada). El hecho de haber estado viajando los últimos ocho años de mi vida cada semana, estableciendo residencia en tres ciudades distintas, me hace perder muchas veces el sentido del tiempo y de la orientación.

Sin embargo, el despertar de hoy es distinto. Comienzo a percibir un conjunto de sensaciones extrañas, de recuerdos y de olores conocidos. Las ranuras de luz en las persianas no me suponen incomodidad, sino de bienestar. El colchón de esta cama se ha adaptado muy bien a mi cuerpo y me siento en armonía. ¡Me despierto en mi habitación! Es la habitación donde crecí, estudié, disfruté de mi infancia, aproveché mi adolescencia y afiancé mi madurez. Me levanto de la cama y pongo mi pie izquierdo en el suelo seguido del derecho. Deambulo con la tenue luz que permiten entrar las ranuras de la persiana de mi habitación.

Camino por la habitación hacia un gran corcho que tengo colgado en la pared donde tengo cientos de pequeños objetos que conforman todos esos momentos que decidí debían de ser recordados: fotos de lugares, de amigos, de familias, de chicas, de mi primera y única novia, entradas de conciertos, de partidos de fútbol, carnés de gimnasios, restaurantes a recordar (aunque supongo que inservibles, ya que habrán cerrado la mayoría), entradas de discotecas, una chapa identificativa con mi nombre de un restaurante de comida rápida donde ejercí mi primer trabajo remunerado. Y, por supuesto, las primeras tarjetas roja y amarilla que me dieron en el colegio catalán de árbitros de fútbol.

He sido árbitro durante diez años de mi vida. Comencé con 16 años y llegué hasta la Tercera División nacional, además de árbitro asistente en Segunda B.

No sé exactamente lo que me impulsó a comenzar la carrera de arbitraje; sin embargo, recuerdo que cuando jugaba al fútbol en el equipo de mi barrio siempre me llamaba la atención esta figura: nadie le saludaba, nadie le animaba, nadie le apoyaba…, pero sin él no se jugaba el partido. Hoy es el día en que, gracias al arbitraje, diversas situaciones que me suceden cada día consigo afrontarlas obteniendo un resultado de calma, armonía, entendimiento, empatía y determinación.

Continúo andando por mi habitación y sigo descubriendo más recuerdos. Ahí está mi mesa de estudio, mi lámpara flexo, mi antiguo ordenador de mesa. De repente tocan a la puerta de mi habitación y esta se abre con mucha suavidad. Aparece el rostro de mi madre, que me dice:

–Cariño, pensaba que te habías dormido. Tienes el desayuno en la mesa.

En ese momento me pregunto: «¿cariño? ¿Tienes el desayuno en la mesa?». Reconozco que la primera palabra la he escuchado en más ocasiones. Ocho años fuera de casa dan para más de una relación pero viajar cinco días a la semana hace que todas sean tan solo relaciones incompatibles con el resto de mortales. Sin embargo, la segunda parte, «tienes el desayuno en la mesa», hacía mucho tiempo que no oía o que nadie, mejor dicho, me decía.

Antes de continuar, me presento para que me conozcas mejor. Me llamo Joan Arnau y he estudiado la licenciatura en Administración de Empresas con un máster MBA. Al terminar el máster comencé a trabajar en una multinacional del sector moda con sede en Londres ocupando el puesto de auxiliar del responsable de Marketing Comercial. Después de tres años me trasladé a Milán, donde he vivido durante cinco años, trabajando en otra compañía del sector de moda, referente en el sector lujo, donde promocioné al puesto de director de Marketing Comercial, cargo que he ocupado durante los últimos cinco años antes de volver a Barcelona. Durante estos ocho años he consolidado mi experiencia en el sector del comercio al por menor o al detalle, clave en la actualidad para entender y comprender cómo ha de operar una empresa de este tipo.

Son las 07.15 horas. Salgo del portal de mi casa en Barcelona y camino hacia la entrada del metro. Ayer domingo llegué al aeropuerto de El Prat a la 01.30 horas de la madrugada procedente de Malpensa (Milán). Fue una escala interminable, sujeta a un retraso eterno y un vuelo operado por una aerolínea de bajo coste que me hizo replantear mi escala de valores. Creo que empieza a merecer la pena comenzar a pagar algo más con el fin de evitar que no se me adormezcan mis piernas apretadas frente al asiento de la fila de delante, mientras el piloto se dirige a la tripulación como si fuera nuestro colega.

Llegué a casa de mis padres pasadas las 02.00 horas de la madrugada y tan solo pude dejar mi maleta de viaje en la habitación y explicar a mi padre que hoy lunes llegaría el resto de mi mochila a través de una empresa de transporte internacional. Tras mi explicación mi padre me dijo:

–No te preocupes, hijo, el trastero de la casa de la playa, está libre –quizá era la forma de explicarme que no me afincase mucho tiempo en casa.

–No hay problema –le contesto–. Me urge más a mí que a ti, papá
–continúo.

Tras 20 minutos de viaje en metro, salgo en la salida del metro de
Provença. La dirección de la empresa está pasadas tres manzanas,
distancia perfecta para centrarme en el entorno que me espera.

Es curioso, noto la brisa de mar a mi alrededor. Es el clima de Barcelona que tanto he añorado.

Mi objetivo en esta nueva empresa en la que comienzo hoy es adoptar y adaptar este nuevo método de gestión modificando su plan
operativo y optimizarlo acorde a la nueva situación de mercado. No
será fácil.

2. El factor novedad

Son las 07.50 horas. Llego diez minutos antes de la cita programa-
da. Me presento en recepción y le explico a la recepcionista que he
quedado con el director de Recursos Humanos de la filial, Patrick
Wattford. Mientras le comunican mi llegada, me invitan a esperar en
unos sofás que hay frente al mostrador de recepción. La recepción
no tiene más de diez metros cuadrados. Espero sentado, leyendo las
portadas de los diarios a través de mi iPhone. Mientras consulto mi
móvil puedo percibir cómo algunos empleados que pasan delante
de mí me miran. Como si nada, continúo atento a los titulares que
figuran en las portadas de los periódicos.

Acaban de dar las 08.01 de la mañana. Se acerca una chica morena.
Camina rápido. Se detiene frente a mí y alarga su mano derecha
diciéndome:

–Buenos días, Joan. Soy Clara Vilamala, bienvenido. Patrick te
está esperando en su despacho. Por favor, acompáñame.

La miro, me levanto y estando ya de pie, le doy mi mano y le contesto:

–Encantado, Clara. Muchas gracias.

No tendrá más de 22 años y parece muy activa. Mientras me acompaña, me doy cuenta de que su paso es más rápido de lo normal. Da la sensación de que quiere ubicarme en el despacho de Patrick Wattford cuanto antes. Para evitar silencios fríos, Clara se gira y me pregunta:

–¿Cuándo llegaste a Barcelona?

–Realmente llegué anoche, de madrugada –le contesto–. Terminar en un país no es fácil. El contrato de alquiler, vender la moto, preparar la mudanza... –continúo mientras Clara sonríe.

–Ah, sí, claro –me contesta. Recuerda enviarnos la factura de la mudanza cuando te entreguen todo en tu casa de Barcelona –me contesta.

Llegamos a un pasillo donde los despachos están cubiertos de cristaleras mate, a diferencia del resto de espacios que he podido ver desde la recepción hasta aquí, donde los despachos eran abiertos, diáfanos, sin barreras arquitectónicas. Este diseño, típico de las multinacionales, facilita la interrelación y la comunicación entre los empleados.

De repente Clara se detiene frente a una puerta con la identificación en un lateral que indica «Director de Recursos Humanos». Toca a la puerta, aguarda dos segundos y, sin esperar ninguna señal, abre la puerta.

–Hola, Patrick. Aquí está Joan Arnau –indica Clara con una sonrisa en su cara.

–Gracias, Clara. Por favor, que entre –responde Patrick.

Detrás de una mesa de cristal transparente en forma de ele está sentado Patrick Wattford, quien se levanta con decisión al mismo tiempo que entro en su despacho.

–Buenos días, Joan, me alegro de volver a verte y bienvenido a Barcelona –me dice mientras me da la mano.

–Gracias, Patrick. Aquí ya sabéis que me siento como en casa –le contesto a la vez que nos damos la mano.

–Espero que hayas descansado bien. Hoy va a ser una jornada intensa y nos tenemos que poner manos a la obra. Ya te contamos durante las últimas entrevistas que el resto de filiales se ha puesto manos a la obra desde hace unos meses y nosotros, hasta que hemos dado contigo, nos hemos retrasado y los calendarios los tenemos en contra –me explica Patrick mientras Clara mantiene su sonrisa junto a la puerta del despacho.

–Si te parece, antes de reunirnos con Tony Bartomeu quiero explicarte el programa de bienvenida que desarrollaremos contigo y darte detalles sobre la compañía que conviene que sepas. Serán aspectos relativos a su historia, misión, visión, valores, intranet, etc. Después cerraremos los detalles contractuales, alquiler del vehículo, firma del contrato, seguro médico, seguro de vida, etc. Finalmente Clara te acompañará a tu despacho para que dejes tus cosas. Tenemos una reunión a las 09.00 horas con Tony Bartomeu –me indica Patrick con cierta celeridad.

–Perfecto, Patrick. Empecemos cuanto antes –le contesto.

Patrick me sorprendió nada más conocerle en la primera entrevista. Apenas tendrá mi edad. De origen holandés, destaca su aspecto de seguridad, de conocimiento, transmite control en cada palabra que indica y tanto sus palabras como sus silencios parecen estar controlados. Trabajó en la misma empresa que yo en Londres aunque en épocas diferentes, por lo que no llegamos a coincidir; sin embargo, conocíamos a varias personas en común. En la última entrevista que mantuvimos en febrero, él me explicó que se había incorporado a esta empresa hacía ocho meses, por lo que aún estaba aterrizando en la compañía.

Clara abandona el despacho y nos quedamos Patrick y yo mientras él me explica más detalles acerca de la compañía. A este tipo de información, al principio de mi carrera, apenas le concedía tiempo. Sin embargo, la experiencia me dice que es clave para entender muchas de las decisiones estratégicas de la compañía y que, como tales, afectan a operativas que en muchas ocasiones no logras comprender. En este caso, la compañía, al tener una presencia en más de 48 países, establece su visión en algo tan sencillo como «ser los líderes en el segmento que ellos ocupan». Y una visión aún más específica y ambiciosa, «vestir al mundo». Mientras me cuenta todo esto, Patrick coge uno de los documentos que tiene preparado y me dice:

—Aquí tienes el contrato. Tal como te explicó la empresa de reclutamiento, tiene una duración de un año, fecha a partir de la cual se convierte en indefinido. Ya te explicamos que esto viene desde la central en Nueva York y no podemos cambiarlo –añade Patrick sin yo pedir explicación–. En contraprestación, pudimos renegociar tu plan de primas, por lo que creo que has salido bien parado, Joan.

—Así es, Patrick, recuerdo que me lo explicasteis por teléfono y por correo electrónico. Es una decisión que ya ha sido valorada –le respondo a Patrick.

Patrick me ofrece su bolígrafo para firmar los distintos documentos. Me lo entrega en mi mano derecha y yo se lo cojo con la mano izquierda.

—Gracias. Soy zurdo, Patrick –le indico.

—¿Zurdo? ¡Igual que mi mujer! –exclama con una sonrisa–. Dicen que vivís menos tiempo porque todo está hecho para los diestros, por lo que os cansáis más y morís antes –indica mientras mantiene su sonrisa.

—Bueno, espero que ese no sea el motivo por el que tenga que firmar mi contrato por un año de duración –le contesto con ironía mientras sonrío.

Lo cierto es que realmente es una empresa fuerte en el sector, con un valor de marca muy bien posicionado en la mente del consumidor final. Sin embargo, la estructura actual y el formato de trabajo que tiene se ha quedado algo obsoleto, antiguo, y necesita actualizarse. A favor está su valor de empresa; en contra, su equipo de operaciones, con un perfil lejano a la demanda actual.

Mientras terminamos con todos los procesos burocráticos, Patrick llama por teléfono.

–Tony, he terminado con Joan, ¿vamos para allí? –se queda en silencio un par de segundos–. Vale, de acuerdo.

–Joan, vamos al despacho de Tony, nos está esperando desde primera hora de la mañana y me ha dado orden de llevarte a su despacho nada más terminase de explicarte el programa de bienvenida.

Salimos de su despacho y llegamos al final del mismo, donde una puerta similar a la de Patrick está ubicada de frente al pasillo. Allí, una placa de metal similar a la del despacho de Patrick indica: «Responsable de la empresa en España».

–Se puede? –pregunta Patrick.

–Adelante. Pasad –se oye desde dentro.

Patrick abre la puerta por completo y se ve una mesa de reuniones rectangular con cuatro sillas a cada lado y una pantalla de videoconferencia frente a ella. Entramos en el despacho y vemos que, tras esa mesa de reuniones, hay una mesa de despacho desde donde se levanta Tony Bartomeu, responsable de la empresa de la filial de Iberia. Se acerca hacia nosotros.

–Buenos días, Joan, ¿cómo estás? ¿Qué tal el viaje de vuelta? ¿Ya tienes todo cerrado en Milán? –me pregunta mientras me saluda dándome la mano.

–Gracias, Tony, todo bien –le respondo–. Prácticamente tengo ya la mudanza hecha, pero traer ocho años de vida en dos países distintos al final suponen un montón de cajas –le contesto con ironía.

–No te quejes, que podría ser peor. Yo volví con mi mujer, sueca, y con dos hijos nacidos en Estocolmo. Esa mudanza fue terrible. Aún mi mujer y yo nos reímos recordándolo –explica con gesto de alivio.

–Bueno, Joan, vuelvo a mi despacho. A partir de ahora te quedas con Tony. Antes de irte esta tarde te llamaré para vernos otro rato y me cuentes cómo te ha ido el primer día –me dice Patrick despidiéndose.

–De acuerdo, Patrick, quedamos así. Al final del día nos volvemos a ver. Gracias por todo –le contesto.

–Gracias a ti –me dice Patrick mientras cierra la puerta del despacho de Tony.

Tony me hace un gesto con su mano para que nos sentemos en la mesa de reuniones.

–Verás, Joan, tal y como te estuve explicando en las dos últimas entrevistas que mantuvimos, nuestra compañía está llevando a cabo un cambio en su plan estratégico con un objetivo de adaptación al actual entorno que nos rodea. Este objetivo está orientado hacia un modelo operativo basado en el valor de marca, el poder de esta, y en reforzar nuestro posicionamiento en el mercado para aportar un valor de lujo en el entorno de venta de nuestras tiendas. Será diferente a los competidores, profundizando en los departamentos de marketing y, más especialmente, en el proceso operativo de marketing comercial y micromercadotecnia visual. Este cambio implica una serie de transformaciones tanto a nivel estratégico como operativo, afectando en las funciones de determinados departamentos y, en consecuencia, en determinadas figuras que forman esos departamentos. El fin que busca la empresa es adaptarse a las situaciones reales o actuales de mercado y nuestras figuras no están preparadas, bien porque no reúnen ese perfil o bien porque no lo han tenido que desempeñar nunca, por el motivo que fuera. Por ello nuestro objetivo es implementar, adaptar y adoptar este nuevo proceso de gestión, afectando en la operatividad de las figuras del equipo de marketing comercial, y para ello tenemos un calendario de siete meses antes del cierre fiscal de las oficinas centrales de Nueva York. Como verás, ya vamos tarde. Cuentas con todas las herramientas que necesites y con las que hasta ahora no se ha trabajado de esta manera. Sabes también que la persona que ocupaba anteriormente tu puesto tenía un perfil centrado en la rama comercial, por lo que su plan de acción se basaba en el trato con el cliente en vez de en cómo mejorar y rentabilizar esa atención al cliente. ¿Todo claro hasta ahora? –termina preguntándome Tony.

–En líneas generales sí, Tony –le respondo y continúo–. Sabéis que mi experiencia profesional se basa en este proceso de gestión y que lo he desempeñado en dos empresas que son competidoras. En ambas el paso que supuso esta nueva forma de trabajo originó situaciones nuevas para muchos, tanto en puestos directivos y mandos intermedios como en otras figuras del departamento. Sin embargo, los resultados están ahí, los puedes ver, y desde hace año y medio han conseguido un valor de marca mejor que el nuestro en el posicionamiento de marca de nuestros clientes.

–Así es, Joan, aunque nuestra compañía tiene más años de historia, es un icono en este sector de moda –continúa Tony.

–Sí, Tony, es un icono –le corto–. Pero los iconos no dan ventas, ni mantienen los pesos de volumen en el sector. Es cierto que esta compañía fue pionera, generó una demanda que hasta ese momento a nadie se le había ocurrido y por ello fidelizó a sus clientes durante tanto tiempo. Es más fácil ganar los laureles que mantenerlos y han ido surgiendo nuevas compañías, nuevas marcas. Sin ir más lejos, donde yo he trabajado estos últimos años han ofrecido el mismo producto pero lo han revestido de valores intangibles que los clientes han percibido con mayor aceptación. Una camiseta blanca no dejará nunca de ser una camiseta blanca pero todo cambia si está hecha de algodón orgánico, es ecológica, transpirable, la visten ciertos referentes, la utilizas en los escaparates de las tiendas, tiene su propia página en Facebook y además, el 1% de sus ventas se dona a una ONG. Con todo ello, se logra una mayor aproximación al cliente final y que él la valore y se sienta cómodo.

–¡Bien, Joan! Este es el motivo por el que te queríamos a ti –esgrime Tony mientras sonríe–. Están todos los miembros del departamento comercial convocados a una reunión que he convocado en la sala de reuniones para presentarte. Los tendrás a todos: las once figuras de coordinadores de Venta al por menor que han venido desde sus distintas ciudades, las dos asistentes de Venta al por menor y el jefe de Marketing Comercial. Yo tengo una videoconferencia, por lo que no podré asistir a la reunión, pero quiero que me cuentes cómo ha ido después de comer, ¿te parece? —me indica Tony.

—Ah, vale, esperaba que estuvieras tú en la reunión, Tony, pero no importa —le respondo.

—Bueno, ya sabes cómo va esto —me dice—. Organizan videoconferencias desde la central y les dan igual los calendarios internos o lo que queramos hacer. Si te parece te presentaré a ellos y te veo más tarde. De todas formas, hoy por la noche hay fútbol en televisión y solemos quedar unos amigos del gimnasio al que voy para verlo después de hacer un poco de ejercicio. Está en la zona de Balmes. Tengo invitaciones por si alguien lo quiere probar. Por cierto, ¿por qué no te animas? Pruebas el gimnasio y de paso vemos a nuestro Barca, porque, ¿serás del Barca, verdad? —me pregunta sonriendo.

—Por supuesto. Y no sabes lo que tuve que aguantar en Londres con el Chelsea y en Milán con sus dos equipos. Los *rossoneros* son de todo menos humildes —le bromeo.

—Me lo imagino. Menos mal que mi etapa fuera de aquí fue en Estocolmo y el futbol no es su fuerte. De lo contrario no sé si lo hubiera aguantado —me contesta.

—De acuerdo, Tony. Luego quedamos y así pruebo el gimnasio. Tengo que buscarme uno en la ciudad. Le contesto.

—Perfecto. Te gustará.

Tony me acompaña a una sala que está en la zona del resto de empleados de la oficina. De repente empiezo a sentirme observado. Las miradas se clavan en mi espalda. Escucho lejanos susurros y alguna risa. Otros me miran y sonríen cuando se cruzan con nosotros. Algunos bajan la mirada y se hacen estar ocupados pensando en lo suyo, pero todos le saludan a Tony.

3. Penalti en contra a cinco minutos del final

Son las 10.07 horas, todo pasa muy rápido. Me encuentro en la puerta de la sala de reuniones. Entramos Tony y yo. Allí me esperaban todos los miembros del departamento y me presenta ante ellos.

> –Bien, buenos días. Quiero aprovechar que estáis todos para presentaros al que va a ocupar el puesto de director de Marketing Comercial desde el día de hoy. Se llama Joan Arnau, que, como podréis ver por su apellido, se encontrará muy cómodo en esta ciudad –explica Tony mientras sonríe mirándome–. Os voy a dejar con él porque nadie puede explicar mejor el cambio al que vamos a proceder en nuestra filial. Joan, todo tuyo –concluye Tony mientras me da una palmada en el hombro y abandona la sala.

Me quedo a solas con los catorce miembros del equipo. Estamos todos sentados en una mesa grande y ovalada. Todos me miran. Algunos de ellos esbozan una ligera sonrisa en sus caras. Otros mantienen un perfil más serio, distante. Comienzo a pensar qué es lo que les habrán contado sobre mí o sobre mi entrada aquí. Es bien sabido que los cotilleos y la rumorología que se estilan en los pasillos del trabajo son tremendamente más ácidos, exagerados y crueles que los de cualquier programa de televisión cutre de periodismo rosa.

Me habían enviado los perfiles profesionales de cada uno de ellos la semana pasada. Querían que les fuera echando un vistazo. Como la semana pasada ya dejé de trabajar en mi anterior empresa, tuve tiempo por las noches de echarles una ojeada en mi apartamento de la Via Sirtori. La mayoría de ellos tiene un perfil basado en la rama comercial y ventas, alguno venía de trabajar en las tiendas que tiene la compañía. Otros poseían un nivel de idiomas muy básico, inoperativo diría yo. Siendo pragmáticos, es lo que había y tenía que sacar oro de todo ello. La mayoría de estas personas fueron contratadas bajo la tutela del anterior director, por lo que los perfiles son según sus intereses y gustos, algo que no coincide en absoluto con lo que la empresa quiere ahora.

Patrick me dejó bien claro que la política de la compañía era realizar este cambio estratégico sin retocar plantillas, esto es, sin sustituir perfiles obsoletos o caducos hacia perfiles de gestión, sino que parte del proceso afectaba a los equipos como forma de actualizar los recursos y mejorar las cualidades de los miembros del departamento. Así que respiro hondo y me dirijo al grupo.

–Buenos días a todos. Como ya os ha explicado Tony, la compañía modifica el proceso operativo debido a un cambio en su estrategia. Este cambio implica una serie de transformaciones, afectando en las funciones de determinados departamentos y, en consecuencia, en determinadas figuras que forman esos departamentos. El fin que se busca es adaptarse a las situaciones reales o actuales de mercado y eso os afecta directamente a vosotros al componer el departamento de Marketing Comercial. Será por tanto el departamento que más cambios verá en su día a día. Deciros que llevo ocho años trabajando en distintas empresas del sector dentro de sus áreas comerciales, por lo que conozco los pasos que vamos a ir implementando. Por ello debemos replantearnos qué es lo que habéis estado haciendo hasta ahora y cómo debemos actualizar nuestros recursos para afrontar el entorno actual de mercado.

–Disculpa Joan, pero llevamos escuchando durante un tiempo la palabra «cambios». Cambios y más cambios en nuestro departamento, pero nadie nos ha dicho en qué consistirán o de qué manera nos afectarán –indica uno de los coordinadores de Venta al por menor.

–Hasta ahora vuestro trabajo consistía en implementar las distintas políticas comerciales en los puntos de venta que tenemos en los distintos canales de distribución –le contesto–. Esto ha sido siempre priorizando lo que mejor se vende y lo que no, originando muchas diferencias de aspecto e imagen entre unos puntos de venta y otros. La compañía determina que nuestra imagen ha de ser homogénea en los 48 países donde operamos, con el fin de que el cliente nos identifique y nos reposicione en su mente con facilidad. El mensaje que transmitamos a través de nuestras tiendas y escaparates ha de ser único, directo, claro. Un solo mensaje, y que sea eficaz.

Observo las caras de todos ellos y comienzan a transmitir sensación de incomodidad. Parece que no les gusta por ahora lo que están escuchando. En ese momento llaman a la puerta de la sala de reuniones y se ve a una chica joven con una sonrisa que rompe con el ambiente que se estaba cociendo en el interior. Nos mira y dice:

–Disculpad, ha llegado el *catering* del descanso para el café. Os lo dejamos dentro, si os parece bien.

–Vale, gracias. Pues entonces, si os parece, hacemos un receso de quince minutos, ¿de acuerdo? –les pregunto con afirmación cerrada.

–Bien, perfecto –contestan la mayoría de ellos.

Entran dos chicos con delantales blancos y camisas blancas empujando dos carritos llenos de comida, termos cromados de café y agua caliente, con bandejas de pequeños bollos, cruasanes y demás repostería fina. Lo dejan en una mesa rectangular adyacente a la mesa de reuniones.

«Perfecto», me digo. En el momento oportuno. Creo que el ambiente se había comenzado a tensar y este descanso les tranquilizará a todos. Este momento me recuerda a cuando arbitraba y pitaba el final de la primera parte después de un penalti señalado al equipo local en el minuto 40. El descanso relaja.

Una vez habían dejado los cafés y pastas, nos levantamos todos de la mesa y se acerca a mi sitio el jefe de Marketing Comercial. Se llama Antonio. Le conozco por el perfil que me enviaron por correo electrónico. Estudió la diplomatura de Empresariales y comenzó a trabajar en una de las tiendas. Llegó a ser encargado y, a partir de ahí, la anterior persona que ocupaba mi lugar le promocionó hasta su actual puesto.

–Hola, Joan, soy Antonio, jefe de Marketing Comercial del departamento.

–Buenos días, Antonio. Encantado de conocerte –le contesto mientras nos damos la mano.

–Teníamos ganas de que llegaras y conocerte. Han sido unas semanas de incertidumbre. Sabíamos que venía alguien del mismo sector pero nada más. Bueno, eso y que eras catalán –me indica Antonio.

–Pues ya terminan las especulaciones. Aquí estoy con vosotros. Con muchas ganas de conoceros y de ponernos a trabajar ya. Y así es, soy de aquí, aunque llevo varios años fuera y me siento todavía un poco perdido en la ciudad.

–Bueno, no te preocupes por eso. Muchos de los que estamos de aquí somos de fuera y esa sensación ya la conocemos. Si te apetece, hoy hay fútbol en la televisión y hemos quedado en casa de otro Joan, del departamento de Innovación Tecnológica (IT), para verlo. Si quieres venir, estaremos unos cuantos.

–Gracias, Antonio. Perfecto. Entonces, nos podemos ver luego –le contesto.

Aunque ya había quedado con Tony para ir a su gimnasio y después ver el partido juntos, no quería darle una negativa de primeras a Antonio. Se había acercado a hablar conmigo a título personal, puede que a testarme, puede que a hacerme un poco la rosca, puede incluso que simplemente a saber más de mí; pero ha sido el único que ha querido conocerme un poco más en detalle.

El descanso sirvió para poder al menos acercarme a ellos y socializar todos. Esto es importante para que muestren una actitud proactiva al cambio y sea más fácil implementarlos.

Termina el descanso y volvemos a sentarnos todos. Sus gestos ahora son más relajados, están más distendidos, da la sensación de que se han quitado el escudo con el que habían entrado al comenzar la reunión. Continúo con mi particular discurso:

–Como os iba comentando antes, hasta ahora una de las premisas que teníais en vuestra operativa era priorizar los rankings de ventas y productos más vendidos frente a las directrices que venían marcadas desde la central. Eso originaba que esta filial llevase unos calendarios distintos al resto de la compañía, con escaparates y presentaciones de tienda distintos a los establecidos.

–Bueno, es lo que nos decían que hiciéramos –resalta uno de los coordinadores de Venta al por menor.

–Por supuesto. Y no os culpo de ello –le respondo–. Como indicas bien, eran unos planes de actuación que os marcaban ejecutar. Sin embargo, los tenemos que cambiar. A partir de ahora, la operativa será alineada con la central.

–Pero supongo que te habrán dicho que nuestras primas van en función de las ventas que hagan las tiendas que están bajo la responsabilidad de cada uno, y lo más importante que hay es vender y cuanto más mejor. La compañía piensa en sus objetivos, sin importarles las necesidades locales de cada mercado. Nos piden actuaciones globales pero cada uno de nosotros somos los que estamos solos en las tiendas –me vuelve a replicar el coordinador, que se llama Jorge.

Jorge Herranz es uno de los coordinadores de Venta al por menor más veteranos. Su actitud es en cierta manera la de líder de la manada. Ha sido el único, junto con Antonio, que ha ido haciendo anotaciones en un bloc de las ideas clave que les he indicado y en el descanso formó corrillo particular atrayendo a más invitados. Según me explicó Patrick, era el otro candidato al puesto de Antonio (jefe de Marketing Comercial) y finalmente no le escogieron. En cierta manera, me recuerda su actitud a la del jugador defensa que se pasa protestando durante todo el partido, chilla a sus compañeros, protesta todas las decisiones del árbitro pero, mientras, el delantero que ha de cubrir, ha metido un gol y ha dado la asistencia de otro. Decía la novelista Martín Gaite que «si algo he aprendido en la vida es a no perder el tiempo intentando cambiar el modo de ser del prójimo». Proseguí con mi exposición.

–Gracias, Jorge, por tus comentarios –le replico–. Sin embargo, el valor más fuerte que transmite la marca en la que trabajas es su historia, su leyenda, es un icono del *glamour* y el cliente no busca únicamente un producto en nuestras tiendas, sino un entorno de venta donde disfrute, donde se encuentre distinto al resto de tiendas que visite. Esperar lo inesperado –y eché un vistazo a los datos que me envió la pasada semana Tony Bartomeu para estar ágil en la reunión de hoy–. Y parece que está sirviendo de algo. Valora nuestra imagen, nuestra internacionalización, nuestro logo y, como tal, para él nuestros valores intangibles son tanto o más importantes que el producto en sí. Corrígeme si no es cierto, Jorge. Creo que gestionas una de las zonas más fuertes de los tres canales. La ubicación de nuestras tiendas en tu zona está en los mejores emplazamientos de cada ciudad. Sin embargo, tus tiendas están en negativo frente a los resultados del año anterior cuando, además, ha sido remodelado el 30% de las mismas, por lo que cuentas con una de las mejores plazas. Tus valores por tickets de compra son muy bajos al igual que el importe de cada ticket, lo cual confiere que el nivel de rentabilidad por tienda es muy bajo. Y por los resultados que he podido ver de los clientes espía de tus tiendas son muy mejorables. Con esto lo único que quiero deciros es que debemos girar 180°. Comenzaremos a reportar a la central, algo que no habéis hecho hasta ahora. Sin embargo, y con el fin de establecer actuaciones comunes, desde Nueva York necesitan conocer vuestros trabajos, cómo quedan montadas vuestras tiendas, si mantenéis las implantaciones correctamente y, evidentemente, debéis hacerlo en el idioma principal de la compañía, que es el inglés.

Comienzan las miradas entre ellos, alguno la dirige hacia el suelo, otro resopla mirando al techo, hay quien agita aún con mayor ritmo su bolígrafo… Tras un pequeño silencio prosigo.

–Hasta ahora, vuestro anterior director no os explicaba el seguimiento que se estaba ejerciendo desde las oficinas centrales con toda esta operativa y vosotros no os dabais cuenta de lo importante que era. Tampoco os hacía enviar toda esta información por correo electrónico, trabajando al margen de lo que persigue la empresa. Pero lo que pretendemos es que la operativa de esta filial sea transparente, idéntica a la de nuestros compañeros franceses, ingleses, alemanes, rusos, chinos, etc. La estrategia es común y es aplicable desde el día de hoy.

Parece que no han sentado muy bien estas palabras. Da la sensación de que no esperaban que los cambios les afectasen a ellos. Este cambio puede provocar que se visibilicen carencias en cada uno de ellos. Sé que no son fuertes en micromercadotecnia visual, en formación a la plantilla, incluso alguno de ellos no puede mantener una conversación básica en ingles. Por ello habrá que trabajar desde sus puntos fuertes. Decía Paulo Coelho que «las personas cambian cuando se dan cuentan del potencial que tienen para cambiar las cosas».

Después de esta intervención miro el reloj. Son las 13.03 horas.

  –Bien, si os parece, lo dejamos aquí. Es la hora para comer, por lo que me han comentado. Creo que esta tarde, aprovechando que estáis aquí, el departamento de IT os quiere instalar una nueva aplicación en vuestros portátiles y tenéis que estar allí. Por mi parte, os enviaré por correo un archivo en Powerpoint con la presentación de los puntos que he tratado y que quieren transmitir desde la central, así como la planificación de calendario que a partir de ahora iréis rellenando semanalmente. También os remitiré el acceso al enlace para que colguéis vuestros informes de visitas diarias. Muchas gracias por toda vuestra atención y, si os parece, este próximo viernes os convocaré a una videoconferencia para que podamos tratar cómo os ha ido en los distintos viajes que tendréis esta semana y en los nuevos procesos que vais a implementar.

Van saliendo todos de la sala de reuniones, alguno más rápido que otro. Creo que tienen ganas de empezar a hablar; por supuesto, sin que esté yo presente. Me quedo solo, bastante aliviado: el mensaje ha sido ya transmitido y creo que ha quedado muy claro. A partir de ahora, las reacciones. Habrá unos que se adapten sin hacer ruido; otros, en cambio, seguro que no comulgarán con estas novedades y remarán a contracorriente. Otros, incluso, buscarán nuevas oportunidades en otras empresas. Siempre hay que esperar lo inesperado y así evitar sorprenderte.

De repente suena el teléfono de la mesa de reuniones. Estoy solo, así que contesto.

–¿Dígame?

–Joan, soy Tony. He visto que han salido todos de la sala. ¿Comemos juntos? –me pregunta Tony.

–Sí, claro, perfecto –le contesto.

–Vale. Quedamos en frente de las oficinas. Allí hay un bar, el Montseny. Si te parece, quedamos allí en cinco minutos.

–De acuerdo, bajo enseguida.

Me levanto de la silla, me relajo, me estiro y salgo de la sala. Es la hora de la comida y no hay apenas gente en las mesas de la oficina. Alguna chica y algún chico en su sitio con un *tupper* sobre su mesa, mientras observan algunas páginas web en sus pantallas.

Camino tranquilo hacia el ascensor y salgo a la calle. Cruzo la carretera y veo el letrero: Montseny. Me quedo en la puerta mientras ojeo mis correos personales desde mi iPhone.

Llega Tony a la puerta. Me saluda, entramos juntos al restaurante y nos sentamos en una mesa los dos solos.

–Bueno, ¿qué tal? ¿Cómo ha ido la reunión? –me pregunta.

–Bien, según lo esperado –le contesto.

–Entonces, ¿esperabas la reacción de Jorge? Es que antes de venir aquí he llamado a Antonio y me lo ha contado.

Me quedo mirándole y vuelvo la mirada hacia mi ensalada mientras le contesto.

–Sí, esperaba una respuesta así. Al fin y al cabo, van a tener que cambiar su forma de trabajo por completo y lo que estaban haciendo hasta ahora. Durante mucho tiempo han pensado que era lo correcto.

–Así es. Y ya sabíamos que no. Por eso decidimos sustituir a la antigua figura que ocupaba el puesto que ocupas tú. Sin embargo, hay un tema que yo desconocía.

–¿Cuál? –le pregunto a Tony.

–Creo que les has explicado que a partir de ahora tienen que enviar informes semanales de los trabajos que desempeñan en cada tienda, informes, pesos de ventas, rentabilidades por metros cuadrados, fotografías…

–Sí, así es –le contesto mirándole.

–Bien. Entiendo que tengan que cambiar su forma de trabajo. Es cierto que podían incluso haber optado por cierta actitud cómoda y eso, por supuesto, no lo queremos. Sin embargo, sabes cómo son en todas las oficinas centrales. Ambos hemos trabajado en las jefaturas de otras compañías y ya sabes que allí son muy cuadriculados.

Parecía que mi actitud no le había parecido correcta del todo a Tony. Daba a entender que en cierta manera permitía esta forma de trabajo independiente y mi manera de comprender el concepto de filial no casaba con la que él tenía en su cabeza.

–Así es –le contesto–. Puede que los mensajes sean rígidos en algunos casos. Sin embargo, si se quiere mantener una imagen global de empresa, hay que llevar a cabo un control total sobre las filiales. Por supuesto que cada filial es diferente, para eso se establecen. Sin embargo, esa es tarea del departamento comercial, el que se encargue de establecer los mensajes globales y otros diferentes para productos especiales según el mercado local.

–Sí, claro. Pero ya sabes que lo de los productos especiales no es suficiente –me corta Tony.

–Lo que te quiero decir es que desde las oficinas centrales han de saber lo que hacemos cada día y en cada tienda para reforzar nuestros mensajes globales. Es la única manera de entender el posicionamiento global de una compañía internacional –explico.

–Creo que hay que ser más abierto a las excepciones, Joan, eso es todo –enfatiza Tony.

A partir de este momento, Tony me dejó bien claro que no iba a ver con buenos ojos mi relación directa con las oficinas centrales, y mucho menos que se lo exigiera a mi equipo. Sin embargo, es algo vital para que el departamento se consolide. Como decía el político indio Jawaharlal, «no se puede cambiar el curso de la historia a base de cambiar los retratos colgados en la pared».

De ese momento, la comida tuvo más silencios que conversaciones, y las conversaciones pasaban a ser leves comentarios sin ninguna trascendencia.

4. Bendita soledad

Después de la comida volvimos a la oficina. Tony fue hacia su despacho y yo hacia el departamento logístico (el encargado de dar soporte material a la oficina, accesos, identificaciones. Gestiona el correcto mantenimiento y la gestión de trabajo en las oficinas) para proseguir con el programa de bienvenida. Mi primer contacto con el equipo ya había sido suficiente y tocaba labores de aterrizaje.

Me entregaron el portátil, la Blackberry y las llaves del coche que tenía que recoger en el aparcamiento de la empresa. Encendí mi Blackberry y ya tenía mi primer correo electrónico. El emisor era Antonio. Leí un mensaje que decía: «hola, Joan. Espero que vaya todo bien. Es para avisarte de que al final no nos reuniremos esta noche para ver el fútbol. Otro día será. Saludos. Antonio».

Bueno, realmente me quedaba el plan de Tony para ver el fútbol, así que no importaba. Esperaba que este mensaje no fuese resultado de la reunión de hoy. No creí que Antonio se lo tomase de esta manera. No daba esa sensación. ¿O sí?

Continúa la tarde. Llego a mi despacho. En la zona de los despachos se encuentran los de Patrick y Tony. Se trata de la zona noble y eso no me gusta. Me quedo alejado de los miembros de mi equipo que trabajan en estas oficinas y eso dificulta el contacto diario. Decido llamar por teléfono a Patrick.

–Hola, Patrick. Soy Joan.

–Hola, Joan. ¿Cómo va todo?

–Todo bien, gracias. Una consulta: el departamento de Logística continúa con mi programa de bienvenida y resulta que mi despacho está en la zona del fondo, junto con los vuestros.

–Sí, así es –me indica Patrick.

–Verás, no me interpretes mal, pero considero que estoy algo alejado de mi equipo y me gustaría estar más cercano a ellos y que ellos me tengan más cerca. Prefiero transmitir un mensaje cara a cara y evitar el correo o el teléfono. No sé si me entiendes –le explico a Patrick.

–Joan, cuando llegué aquí así estaba estructurado pero entiendo tus argumentos. No creo que haya problema. Déjame que lo hable con el departamento de Logística para que te busque un hueco en el otro lado de la planta, cerca de tu equipo.

–Gracias, Patrick, te lo agradezco.

Cuelgo el teléfono y abro mi Outlook. Recibo los primeros correos de introducción de una compañía: claves, nombres de usuarios, permisos de accesos a carpetas de información de la empresa, etc. De repente me acaba de entrar un correo de Tony que dice textualmente: «Buenas tardes Joan, ¿cómo va la tarde? Recuerda que mañana tendremos una videoconferencia a las 15.00 horas con las oficinas de Nueva York de cara a cerrar los calendarios para el proceso de gestión. Mañana por la mañana lo veremos antes en mi despacho para tratar este asunto. Por cierto, hoy será imposible lo de ir al gimnasio y luego al partido. Mi mujer quiere que la acompañe a hacer unas compras. Otro día lo haremos. Saludos. Tony».

Me quedo mirando el correo. Estaba claro que se había marcado el terreno por parte de cada uno. Lo que durante el día había sido un clamor de intenciones y de unir lazos, a lo largo del día va desvaneciéndose. Confirmado. La carrera será en solitario, al menos en la filial.

Ya son las 19.08 horas. No queda nadie en la oficina. La jornada laboral finaliza a las 18.30 y me quedo solo en mi despacho nuevo. Muchas cosas por hacer. Muchas ideas encima de la mesa. El proyecto es bueno, muy bueno; es más, diría yo que es el reto más importante que he tenido hasta ahora. Habrá que cambiar cosas. En esta oficina no están muy acostumbrados a los cambios.

Cojo el metro y llego a casa. Después de un día intenso, comienza el mejor momento del día. Me quito el traje y me pongo mi ropa deportiva, me ato mis zapatillas y conecto mi iPhone sujeto en una funda en el antebrazo. Los auriculares puestos. Salgo del portal y me dirijo hacia el parque que hay detrás de casa. Mi ritmo, mi trote, mi música. Es mi momento.

Soy zurdo desde que tengo uso de razón y he sido árbitro de fútbol diez años de mi vida. Estoy acostumbrado a moverme en minoría.

16

El tatuaje del despido
Mar Asenjo Vilares

1. Con las alas de mariposa

–¡Mar, entramos en directo! ¿Preparada?

–Sí, ya voy.

Y como sí me elevaran desde el cielo y sintiendo mi corazón a rebosar de emoción y alegría me dirigía a mi estudio, el mismo que donde se realizaban los informativos del mediodía. Era mi momento para contar una nueva historia del tiempo meteorológico con la que conquistar a mi audiencia. Y así, fijando mis ojos en las lentes de la cámara, intentaba atravesarla, hasta llegar al alma de cada uno de los telespectadores. Comenzaba a hablar del sol, las nubes, del calor y… uff, ¡cuántos bellos y excitantes recuerdos! Aquel, era sin duda, uno de los momentos más mágicos de mi vida. Sentía que todo tenía sentido y que había nacido para hacer aquello. Todo mi interior vibraba en una fluida y hermosa melodía. Una melodía que alguien quiso apagar sin importarle el daño que pudiera ocasionar. Pero eso hoy ya no importa. Gracias al desagradable episodio que viví aquellos días y que ahora os contaré, mi vida dio un giro de 180º convirtiéndome hoy en la gran persona que soy.

Nunca hubiera imaginado que detrás de tanto dolor, mi vida iba a cobrar un sentido tan distinto. Sin duda, el sentido más maravilloso y auténtico que pueda existir, el regalo más deseado y esperado. El premio que al final llegó. Y es que, lo mejor, no lo olvides nunca, siempre está por llegar.

Mi nombre es Mar Asenjo, soy periodista, presentadora de televisión y *coach*. Quiero compartir contigo mi propia historia laboral, aquella que me permitió entender que las experiencias de la vida no son más que puertas abiertas a nuevas oportunidades.

Permíteme situarte. Llegaba emocionada a casa después de un trepidante día de trabajo regalando soles, nubes y lluvias en los informativos de televisión. Después de terminar de comer y disfrutando de unos instantes de tranquilidad, me siento junto a mi madre y le pregunto:

—Mamá, llevo unos días presintiendo que algo verdaderamente mágico va a suceder. ¡Es increíble! Me siento tan bien, que tanta dicha me gustaría poderla compartir con el resto del mundo ya que sé positivamente que el bien crece cuanto más se comunica. ¿Tú qué crees? —le pregunto.

—¡Bueno, hija! Tu padre y yo siempre hemos intentado inculcarte unos valores muy tradicionales entre los que resaltan la bondad, la humildad, la generosidad, la paciencia, la honestidad, la esperanza y la fe.

—Ya, mamá, cuánto bueno y hermoso me habéis regalado. No sé si algún día, podré compensaros por todo lo que habéis hecho por mí.

—¡Hija! Tú ya nos has compensado con creces. Tu amor y tu sonrisa son el motor de nuestras vidas.

—¡Qué alegría, madre! No sabes cómo me gusta escucharte decir eso, ya que es algo innato en mí, que no me cuesta nada hacer. Siempre procuro levantarme cargada de energía y sonriendo a la vida. Sonrío a todas horas y a todo el mundo y es increíble comprobar cómo se eliminan las máscaras que todos llevamos puestas. Hasta el más serio acaba relajando su gesto cuando tropieza con una sonrisa. El efecto es contagioso y así, ese ritual se va extendiendo entre unos y otros convirtiendo nuestras vidas en una perfecta melodía de armonía y plenitud.

–¡Qué idealista eres, hija!

–Lo sé, mamá y la verdad es que me siento muy orgullosa de ser como soy. Lo que no puedo comprender es a esa gente que ya se levanta de mal humor desde primera hora de la mañana y van por la vida con esa cara de avinagrados, ¡qué horror! Siento mucha lástima por ellos porque parecen no entender las reglas del juego de la supervivencia. No se dan cuenta de que uno tiene en sus manos la enorme responsabilidad de elegir su destino, de crear su propia realidad. De que cuando creemos que podemos realmente podemos. Debemos aprender que en el camino siempre va a haber numerosos obstáculos que nos harán tropezar. Y eso no nos debería importar si al final somos conscientes de que esas caídas nos ayudarán a levantarnos más fortalecidos para poder enfrentarnos a los nuevos retos que nos irán apareciendo, como por arte de magia, a lo largo de nuestro recorrido vital. ¡Magia! Qué bella y enigmática palabra. Cómo no creer en ella si desde bien niña papá me enseñó a confiar en su poder. Él fue quien me habló de las señales. Y gracias a esa divertida forma de descubrir la vida hoy, 33 años después, sigo creyendo en mí y en mi gran potencial. A él le debo mi yo espiritual y sensible y a ti, mamá, mi gran fuerza interior. Creo que, en definitiva, habéis conseguido de mí una combinación perfecta.

–Jajajaja.

–No te rías, mamá, gracias a esas enseñanzas tan creativas, aunque mi entorno laboral está contaminado por la desidia, yo estoy logrando sobrevivir, que no es poco. El ambiente que se respira en el interior en el trabajo ahora mismo es infumable. En los rostros de la gente que camina por los pasillos de la tele solo se refleja una mezcla de tristeza, melancolía y desasosiego. No hay brillo en sus ojos. Están como muertos en vida. Parece como si sus almas se hubieran esfumado. Y si no, pregúntale a mi jefe.

–Hija, siento que allí donde vas, y sin pretenderlo, generas envidia por tu forma de ser. Tu luz les hace daño, les asusta. Y, para colmo, encima eres guapa y muy buena profesional. Tu forma de contar el tiempo ha calado, y tus jefazos están muy contentos contigo. ¿Tengo que añadir más atributos?

–Mama, creo que tienes razón. Además, tengo la sensación de que mi jefe teme que algún día pueda quedarme con su puesto de trabajo. Es incapaz de comprender que a mí lo único que me motiva de este trabajo es presentar el tiempo, comunicar y, sobre todo, llegar a la audiencia con un mensaje muy claro, que no es otro que el de que sean felices, que se lo merecen y que estamos en este mundo para disfrutar de las pequeñas cosas, que son las que hacen finalmente qué la vida sea dichosa. Intentaré ser con él todo lo comprensiva que pueda, teniendo en cuenta que solo es miedo lo que le mueve. Aunque no sé cómo voy a olvidar el grito que me dio hace meses delante de toda la redacción, ¿recuerdas? Y todo porque, como él me comentó, no se cree que yo sea una buena persona. Piensa que soy una trepa que va de misionera para escalar puestos dentro de la cadena. Y yo me pregunto, mamá, ¿qué tendrán que ver las churras con las merinas? ¿Qué tendrá que ver mi corazón con la profesión? No puede actuar así por el hecho de no creer en la bondad de las personas. ¡Cuánto daño le han debido de hacer en la vida para que me trate con esa inquina! En fin, tendré que hacer de tripas corazón y tirar hacia delante y, por supuesto, hacer oídos sordos a la amenaza que me profirió, insinuando que acabaría conmigo. ¡Ves, mami! Para esto me sirven vuestros sabios consejos, que aunque uno no pueda tenerlo todo en la vida, debe aprender a ser feliz con lo que le toque en ese momento. No se trata de ser conformista, sino una optimista inteligente. Y eso lo he conseguido a base de un curro diario. Es decir, mezclando vuestras enseñanzas con mi afán de posicionarme siempre en un estado superador al de la queja, que al final me conduce a un camino de acción proactiva. Así que las malas pulgas de mi jefe, volviendo al principio, no van a conseguir arruinarme mi estado de euforia. ¡Como ya verás, mamá, está a punto de sucederme algo maravilloso!

Con esta interesante conversación con mi madre comenzaba una tarde plagada de tareas pero con un denominador común: la energía de poder hacerlas y disfrutar de ellas. Decía Charles Chaplin que «la vida no es significado, es deseo».

2. El aguijón del escorpión

Ummhh... ¡Cómo me gusta el aroma a café! Ese olor que desde primera hora de la mañana penetra en los orificios de mi nariz despertándome a un nuevo amanecer. ¿Sabes cuál es mi primer pensamiento nada más levantarme? Pues lo afortunada que soy por poder disfrutar de una nueva aventura. Sí, porque para mí la vida es eso, una cadena de sucesos inconexos llenos de sorpresas, a veces buenas y a veces no tanto, pero que a la larga se unen a la perfección, dando sentido al recorrido realizado anteriormente. Y es ahí cuando entiendes el porqué de todo. Por eso, en muchas ocasiones, las preguntas no tienen respuesta inmediata. Así que uno debe caminar con firmeza y esperanzado hacia su propósito de vida.

Nada podía presagiar que hoy iba a ser un día especial, de esos que te marcan huella. Como de costumbre, elegí adecuadamente mi vestuario, lo que me permitía crecer en autoestima y seguridad, y estudié con precisión y originalidad el texto con el que arrancaría mi pequeña charla ante el espectador. Como siempre, busqué una frase positiva que, bien mezclada en el texto meteorológico, intentara arrancar la sonrisa de todos aquellos que me vieran a través de la pantalla de su televisor. De camino a televisión, en mi mente iba componiendo la escena perfecta mientras me iba cargando de estrés por el tumultuoso tráfico. Y así, pasando por chapa y pintura, nombre que le damos al departamento de Maquillaje y Peluquería, llego a mi queridísimo lugar de trabajo, donde me encuentro con mi estimado jefe.

–Buenos días, Carlos, ¿cómo va todo?

Su respuesta fue inmediata. Un absoluto y bochornoso silencio. Acostumbrada a sus desplantes, me inicié en mis labores dando forma a esos simpáticos mapas del tiempo con los que todos nos identificamos. De repente, un foco se encendió ante mí y el realizador pronunció mi nombre. Todo estaba listo para empezar. Sin embargo, aquella fue mi última función.

Si mal no recuerdo, el momento clave tuvo lugar a última hora de un viernes. Estaba a punto de marcharme cuando, de repente, me encontré con una ingrata sorpresa. Se trataría de la noticia que acabó por destrozarme el fin de semana y por ende, los siguientes seis meses de mi vida, que fue lo que tardé en recomponer las piezas del puzle emocional en el que me sumergí. Todo ocurrió así:

–Hola Mar, soy Manuel, el nuevo compañero del tiempo.

–¡Ah! Hola, ¿cómo estás? Encantada de saludarte, ¿cuándo empiezas?

–Pues este lunes. Y tú, por cierto, ¿qué vas a hacer a partir de ahora, si soy yo quien te va a sustituir?

¡Dios mío! ¡Qué mazazo me acababa de dar la vida! Esa vida que para mí, hasta ese preciso instante había sido una aventura mágica. ¿Qué había pasado con mi magia? ¿Qué estaba ocurriendo? ¿Por qué nadie me había dicho nada? ¿Y por qué este individuo me lo soltaba así, sin más, sin tapujos, sin dolor? ¡Qué crueldad! A lo que añadió:

–¡Uff, lo siento! Creo que he metido la pata. Bueno, hasta la próxima.

Mi cuerpo no reaccionó. Fui incapaz de mediar palabra. Mi sueño se derrumbaba como castillo de naipes y, sin poder ofrecer resistencia, me entregaba al más cruel de los abatimientos. Salí de allí empapada de bellos recuerdos que se truncaban como frágil y delicado cristal de Bohemia. Y entonces recordé: «¡sé flexible, Mar!». El junco danza al son del viento que sople, porque, sea en la dirección que sea, siempre será la correcta. Y así abandoné las instalaciones de televisión para refugiarme al lado de los míos.

El fin de semana se me hizo eterno. El estrangulamiento de mis venas era tal, que se me hacía insoportable hasta respirar. No podía dejar de pensar en el triste suceso. «¿Qué pasará conmigo a partir de ahora?», me preguntaba una y otra vez. El poderoso miedo, uno de nuestros peores enemigos, me había conquistado y no sabía cómo ganarle la batalla.

Y así llegó el lunes. Como nadie me había comunicado nada me dirigí al trabajo como cualquier otro día, aunque sabía en el fondo que no era un día cualquiera. Eran las 09.00 de la mañana de un 9 de enero. Acababan de finalizar las navidades, unos días en los que, como casi todo el mundo, me convertía en una niña para disfrutarlas como entonces. «¡Qué buena manera de comenzar el año!», pensé. Llegué a mi mesa, dejé mi bolso y mi abrigo y entré en la reunión de escaleta, donde se deciden los temas más importantes de la jornada, así como su orden de aparición en el informativo. Los redactores jefes de cada una de las secciones se congregan allí para dar forma y carácter a las noticias. Estaban contando sus temas cuando, de repente, se abrió la puerta del estudio e hizo acto de presencia, uno de los subdirectores de los Servicios Informativos de la cadena, Pedro, quien se dirigió a mí:

–Mar, por favor, ¿puedes acompañarme?

–¡Claro que sí! –añadí.

Y así nos dirigimos a su despacho, donde me hizo sentar. Mi corazón empezó a acelerarse intuyendo que el cambio estaba a punto de producirse. Lo que nunca imaginé era lo qué iba a suceder en ese preciso instante.

–Mar, siento decirte que causas baja en la empresa.

–¿Perdón? –contesté.

–Sí, como lo oyes, las cosas no nos van bien y hay que apretarse el cinturón. Pasa por Recursos Humanos, que allí tienes tu finiquito preparado.

–Pero... ¡no puede ser! ¿Qué he hecho mal?

–Nada, simplemente se trata de un ajuste de personal. Tenemos que empezar a echar a gente de la redacción.

En ese momento el tiempo se detuvo. Por unos instantes dejé de escuchar y solo oía con fuerza los latidos de mi corazón, que cada vez se agitaba con mayor virulencia, hasta hacerme daño. No me llegaba el aire y mi cuerpo parecía desdoblarse. ¡Por Dios!, siento que me estoy muriendo, me veo desde fuera. ¿Qué me está pasando?

De repente, Pedro se levantó de su asiento y el ruido del movimiento de su silla me devolvió a la realidad. Como flotando en el aire, con una sensación de angustia, llegué, no se sabe cómo, al departamento de Recursos Humanos, donde me esperaban. Un joven me indicó que entrara en un nuevo despacho. Desde ese momento, cada habitación se había convertido en una dolorosa caja de tortura. Siguiendo las indicaciones del compañero, o excompañero, entré en el despacho donde había una infinidad de papeles que no alcanzaba a entender, ya que mi cerebro había dejado de recibir cualquier tipo de señal.

Aún sumida en un venenoso letargo, solicité la ayuda de un abogado antes de firmar. Fue una de las llamadas más tristes que recuerdo, ya que significaba asumir la autenticidad del momento. No había solución. Estaba en la calle, no había vuelta atrás. En ese momento se me ocurrió provocar un último encuentro con la directora de Informativos. Mientras me dirigía a su despacho, llena de espontaneidad y atrapada por el pánico de la situación que estaba viviendo, corrí a entrevistarme antes con el que era entonces el consejero delegado de la cadena, don Carlos. Allí, a moco tendido, le expliqué la pesadilla que estaba viviendo y sacando un pañuelo del bolsillo me contestó, con gran cariño y devoción:

–¡Límpiate esas lágrimas mujer, que no puedo verte llorar! –y a continuación añadió–. Sé por lo que estás pasando, pero créeme si te digo que, aun siendo el consejero delegado, no puedo hacer nada, no puedo desautorizarla. Lo siento.

Fue en ese mismo instante cuando me di cuenta de que todo estaba perdido. Y extrañamente surgió en mí una fuerza hasta entonces desconocida que me empujó a encaminarme hacia el despacho de la que, hasta ese momento, había sido mi amiga, Carmen, directora de los Informativos. Llamé a la puerta y entré. Allí, sentada ante mí, en su gran trono, como la reina madre que era y casi sin levantar la cabeza, me dijo:

–¿Qué quieres de mí, Mar? ¿No te ha quedado claro que ya no formas parte de esta empresa?

A lo que respondí con voz firme y sin titubear ni una sola vez:

–Solo pretendo entender las razones de mi despido después de trece años de dedicación a esta empresa.

Y ella, sin mover una pestaña, contestó:

–No existe una razón de peso, simplemente sobra gente y por alguien tengo que empezar.

–Bien –aclaré–. Desde luego, lo que está claro es que donde no se me quiere no pienso quedarme. Espero, ya que el mundo es redondo, que algún día nos volvamos a encontrar. ¡Gracias por todo! Y hasta la próxima.

Y así, con la cabeza muy alta, pero el corazón encogido de dolor, salí escoltada por dos vigilantes, como si fuera una presa, de la que hasta entonces había sido mi casa durante tantos años, largos y bellos años en los que me dejé la piel y la vida ante un compromiso conmigo misma hacia el deber bien hecho.

Con lágrimas en los ojos, cuando ya nadie me podía ver, me dirigí al coche. Mientras lo encendía y escuchaba el rugir del motor, sentí cómo se retorcía mi ser, cómo se anulaba mi persona y cómo caía en el abismo de la cólera. Y mirando hacia atrás por el retrovisor me despedí de aquel lugar que tan feliz me había hecho durante una dilatada etapa de mi vida. Ya solo me quedaba la aceptación de aquella situación tan enojosa.

Lo primero que hice fue encarar la situación, adquiriendo en todo momento una actitud positiva, lo que me permitió recuperar el control emocional y reconducir mi vida profesional. Para ello realicé un balance y un autodiagnóstico de mis capacidades al tiempo que, haciendo silencio a mi alrededor, escuché mi yo más profundo. Un yo que me gritaba desesperadamente, desde no se sabe dónde, desde algún lugar recóndito del alma: «¡no te rindas!». Me repetía una y otra vez este mensaje: «has tenido fe y has luchado. Ahora, más sabia que nunca, reconoces quién eres y lo que necesitas para continuar andando. Pequeños pasos bien dados te empujarán hacia la cima. Pon grandeza, dignidad y pureza en cada uno de ellos y levanta el vuelo. No te dejes atrapar por la tempestad que, de vez en cuando, nos voltea una y otra vez, hasta dejarnos sin fuerzas. Y es entonces cuando, como mástil en una embarcación, una se ha de mantener erguida y firme manejando la complicada situación hasta llegar a buen puerto, sin dejarse arrastrar por los miedos».

¡Síííííííííí, el miedo! Sin duda, es la peor de las enfermedades que, en su ADN, persigue al hombre desde el inicio de su creación. Y solo cuando decides combatirlo te das cuenta de que, en realidad, solo se trata de pensamientos inofensivos que en algún momento de nuestras vidas decidieron instalarse en nuestro hipotálamo para fastidiarnos el resto de nuestra existencia. Así que... ¡a por ellos! «Sigue como hasta ahora y avanza hacia tu destino, que no es otro que el de seguir reencontrándote contigo misma, recuperando tu felicidad y armonía», me dije. Son emociones que pocos experimentan durante estos días de tanta desazón.

3. Las señales de la vida

Esto fue lo que me pasó durante esas 24 horas eternas. A veces no sabemos el significado de lo que aprendemos hasta que no pasa un tiempo. Así que poco más tarde, como si de una revelación se tratara o como por arte de magia, volví a reencontrarme. Decidí quedar con un amigo en una terraza de verano, cuando una mendiga harapienta, casi sin dientes y con la cara llena de roña, se dirigió hacia mi persona para pedirme limosna. Apenas la podía entender, ya que sus palabras se entrecortaban debido a su tartamudez. Con voz amable y apenada por la situación por la que estaba atravesando aquella pobre mujer le contesté que no llevaba nada encima. En ese preciso instante, como si la hubiera invadido otro ser, como si se tratara de otra persona me dijo, sin trabarse ni una sola vez y con otra mirada: «Querida compañera, no sufras por lo que te han hecho, ya que ellos desconocen las consecuencias de semejante actuación. Pagarán por ello y tú volverás a la tele». Y fundiéndose conmigo en un abrazo provocó mi llanto. De mis ojos salieron unas lágrimas tan sentidas que una pena inmensa recorrió todo mi cuerpo. Finalmente, ella se despidió de mí y nunca más me la volví a encontrar. Se esfumó como por encanto pero sus palabras quedaron grabadas en mi corazón como si las hubieran tatuado a fuego lento. Un fuego que con el transcurrir de los días se iba acentuando y, como si de un reproductor de video se tratara, todas las mañanas al despertar me recordaba aquella escena que tanto me conmovió y que, al mismo tiempo, tanta fuerza me dio.

Mi vida cambió de nuevo. Volvía a sonreír y a creer en los sueños, aquellos que me quedaban por cumplir y que nunca pude materializar por miedo a perder mi trabajo, ese que acabó por darme una patada en el trasero sin importarle a nadie. Así que sin dudarlo decidí cumplir uno de los sueños más importantes en la vida: ser mamá. Aparqué todo lo demás, encontré al amor de mi vida y fui mami por partida triple. En menos de dos años, mi vida pegó un giro de 180º regalándome lo que más anhelaba por encima de todo, incluso de aquel puesto. Y fue entonces cuando, pletórica de amor y cargada de ilusiones y esperanza, la televisión volvió a llamar a mi puerta. Sí, aquella mendiga tenía razón y todas las piezas del puzle cobraban sentido.

Decía Osho: «la vida no es una tecnología ni una ciencia. Es un arte y has de sentirla. Es como el caminar por una cuerda floja».

Todavía hoy me pregunto: ¿quién era aquella mujer? ¿Por qué presagió acertadamente mi porvenir? ¿De dónde salía, como ángel caído del cielo, que me devolvió mi ímpetu de lucha? Nunca hallaré respuestas pero aquella dama me dejó un importante legado. A ella le agradeceré eternamente el que jamás la fe y la esperanza me abandonaran ya.

Y así, renovada por dentro y por fuera, volví a presentar la información del tiempo en Viva TV. En esta ocasión, el espacio que me brindaron duraba cerca de unos quince minutos, lo que me permitió encontrar una fórmula televisiva que terminó por culminar con mis deseos. En ella pude mezclar mis conocimientos en meteorología con frases cargadas de optimismo vital cuyo único propósito no era otro que el de contagiar la felicidad que en esos momentos a mí me desbordaba.

En poco tiempo el programa se convirtió en uno de los más vistos de la cadena y yo, en la presentadora de moda además de en un ser que descubrió que la felicidad y el bienestar no dependen de las circunstancias que nos rodean sino de nuestros pensamientos, es decir, de la disposición de nuestra mente. Gracias a su entrenamiento diario, a través de la motivación y un lenguaje positivo, conseguí posicionarme en un estado de armonía que ya no me permite flaquear porque sé que todas las caídas sirven para levantarme más fuerte.

Tanto es así, y tan beneficioso ha sido para mí, que en la actualidad, como *coach,* acompaño a las personas en el descubrimiento de potenciales que creían no poseer o no se atrevían a manejar. Soy una especie de catalizador de la conciencia que, como si de un espejo se tratara, reflejo las inquietudes en proceso de cambio. Y es muy enriquecedor observar cómo, día a día, surge en las personas un nuevo ser capaz de afrontar los nuevos retos con los que se ha comprometido a avanzar en la vida. Y en los seminarios y conferencias que doy me bastan las sonrisas radiantes y los ojos de nuevo chispeantes de los asistentes para comprender que todo lo qué me ha pasado ha merecido la pena y que esta historia que os estoy contando se sigue escribiendo día a día.

El final depende de mí. El tuyo, también. Así que no malgastes tu valioso tiempo. Empléalo en vivir acorde a tu alma. Y recuerda siempre que lo mejor está por llegar. Abraza y sonríe a los cambios sin miedo. Déjalos entrar en tu vida y esperanzado continúa con el camino, que solo andando vislumbrarás lo que han venido a mostrarte. Y no olvides que el mundo es redondo y que en cualquier momento nos volveremos a encontrar. Y que, por encima de todo, has venido a este mundo a disfrutar. Sé feliz, amigo o amiga. Que así sea y así será.

Como decía Agatha Christie, «aprendí que no se puede dar marcha atrás, que la esencia de la vida es ir hacia delante. La vida, en realidad, es una calle en sentido único».

Galería de autores

Alberto Blázquez Manzano es doctor en Ciencias del Deporte. Premio Extraordinario de doctorado 2012. Licenciado en Ciencias de la Actividad Física y el Deporte (UEX Cáceres), especialidad en Gestión Deportiva y máster en Prevención de Riesgos Laborales. Máster en Drogodependencias.

Director de Ocio y Tiempo Libre, ha escrito varios artículos científicos en revistas nacionales e internacionales y el manual *Dirección y Gestión de Entidades Deportivas* y *Animador Deportivo de la Tercera Edad*. Además, ha coordinado publicaciones como *Marketing deportivo en trece historias, Aprendizaje cooperativo a través de las TICs: una experiencia en dinamización deportiva, Plan Integral del Deporte y Actividad Física en Extremadura*.

Profesor asociado en el máster de Educación en la Universidad Internacional de La Rioja. Durante nueve años trabajó como dinamizador deportivo de varias localidades y coordinador deportivo de mancomunidad. Actualmente es el coordinador regional del Programa de Dinamización Deportiva en la Junta de Extremadura.

Mar Asenjo Vilares es licenciada en Periodismo por la Universidad Complutense de Madrid, máster en Relaciones Internacionales por la SEI y ha realizado un curso de doblaje en la Escuela CEV y otro de interpretación y dicción en la Escuela de Actores Independientes. Comenzó en 1993 como corresponsal en el diario *ABC* y ese mismo año pasó a la Cadena Cope como directora de programa y locutora de radio y, un año más tarde, como colaboradora en Onda Cero.

Ha sido presentadora de los espacios de información del tiempo en el Canal 24 Horas de TVE y, en 1999, pasó a Antena 3 como presentadora del espacio meteorológico y presentadora y redactora de los servicios informativos. En la misma cadena ha presentado galas y ha colaborado en programas tipo magazine.

Entre 2007 y 2008 presenta el programa radiofónico *Caliente y frío* de Radio Intercontinental. Ese mismo año compagina su trabajo con el de profesora de reporterismo y presentación en televisión del máster de la Universidad San Pablo CEU.

Ha sido presentadora y locutora de programas televisivos autonómicos de IBS Producciones y Veo 7, y en la actualidad desarrolla su labor como *coach* y comunicadora activa.

Javier Zamora Saborit es licenciado en Publicidad y Relaciones Públicas, máster en Innovación y Nuevos Procesos de Comunicación y doctorando en Marca Personal Deportiva con la Universidad Jaume I de Castellón.

Cofundador de la agencia Oidea Comunicación, en donde desempeña funciones de director de Publicidad y Relaciones Públicas y ejecutivo de Cuentas, es además consultor de Marca Personal Deportiva con deportistas olímpicos, futbolistas de diferentes categorías y entrenadores de primer nivel. También es el responsable de comunicación de empresas como Duebelle y Aurahome.

Marta Mª Ferrer González es licenciada en Periodismo y máster en Periodismo Audiovisual, Radio y Televisión.

En el año 2005 entra a formar parte del equipo de redacción de los informativos de Onda Cero y más delante de Cadena Cope. Al año siguiente, inicia su labor como redactora en el portal web de motor del diario *El Mundo*.

En 2008 pasa a formar parte del equipo del Grupo Kiss Media y durante dos años presenta los boletines informativos de Kiss TV. Posteriormente se incorpora al equipo del programa despertador de Kiss FM *Las Mañanas Kiss*, como presentadora.

Ramón Fuentes de Juan es licenciado en Periodismo por la Universidad San Pablo-CEU, en la que actualmente es profesor del máster de Unidad Editorial.

Presentador y coordinador de deportes de las noticias de Telecinco, ha cubierto para esta cadena eventos como la Eurocopa de Polonia y Ucrania (por cuyas retransmisiones recibió una Antena de Oro en 2012), el pasado Mundial de Sudáfrica, la Copa Confederaciones 2009 y muchos otros de nivel internacional como los Juegos Olímpicos de Pekín o tres Campeonatos Europeos de Fútbol Sala de la UEFA. Además, es editor y presentador del programa «Europa en Juego» en Energy y colaborador del diario *Marca*.

María Langa Ramos es licenciada en Psicología por la Universidad Autónoma de Madrid, especialista en Marketing por el Programa de Cooperación Educativa de la Universidad Autónoma de Madrid y máster en Derecho Laboral por CEIJ.

Erasmus en Human Resource Management en Gales (Bangor University), fue también becada por el Programa Citius de la Fundación Universidad Empresa y recientemente por el Programa Lidera de la Comunidad de Madrid.

Ha desarrollado su experiencia laboral en el departamento de Recursos Humanos de BBVA, Hay Group y Vodafone. Ha trabajado como consultora de Recursos Humanos en Overlap y, desde el año 2006, se responsabiliza del área de Desarrollo de Recursos Humanos en una planta industrial puntera de una multinacional líder en el sector de la moda y la perfumería.

PABLO GARCÍA SAMPEDRO es diplomado en Marketing y máster en Dirección de Marketing y Gestión comercial.

Dedicado al sector textil, ha formado parte de diversas compañías, como Ermenegildo Zegna, Panama Jack, Levi Strauss e Inditex, donde trabajó como jefe de Producto para la marca Zara.

En la actualidad ocupa el puesto de jefe de Ventas Masculinas en Ralph Lauren España y es profesor del máster MBA en Dirección y Gestión en Empresas de Moda en la escuela de negocios Esden.

JUANA Mª GUTIÉRREZ CABALLERO es licenciada en Psicología y máster universitario en Gerontología por la Universidad de Salamanca. Desde 2003 es profesora tutora de la UNED en Extremadura de asignaturas sobre psicología. Ha publicado artículos científicos sobre el área de la coordinación sociosanitaria y la gestión de las organizaciones y es autora de un capítulo del libro *Marketing deportivo en trece historias*.

Comenzó su labor profesional en 2000 impartiendo clases en la Universidad de Salamanca y siendo ponente en varios cursos y jornadas. Entre 2002 y 2004 trabajó como psicóloga en el Programa de atención a familias desfavorecidas y en situación de riesgo social. En los años 2004 y 2005 ejerció como psicóloga en la Unidad de Oncología y de Cuidados Paliativos del Hospital de Mérida (Badajoz), reanudando dicha labor en 2010 y 2011 en Cáceres. Entre 2005 y 2009, trabajó para Cruz Roja Extremadura en programas de Adopción Internacional y Plan Concilia. Entre 2011 y 2012, ejerció de psicóloga en Aprosuba 7, entidad dirigida a la atención de personas con discapacidad intelectual.

Álvaro Merino Jiménez es licenciado en Educación Física por el INEF de Madrid y doctorando por la Universidad Europea de Madrid. Experto en *coaching* y facilitador certificado en Lego Serious Play.

Director académico de la Escuela de Estudios Universitarios Real Madrid-Universidad Europea de Madrid (2006-2010), director del MBA in Sports Management de la Escuela de Estudios Universitarios Real Madrid-Universidad Europea de Madrid e imparte formación en diversos másteres a nivel nacional e internacional en escuelas de negocio y universidades en México, Brasil, Honduras, Costa Rica y Chile y en organizaciones en toda Centroamérica y Sudamérica.

Es autor de capítulos en libros como *Buenas prácticas en el entorno EEES*, *Desarrollo y evaluación de competencias en educación superior*, así como participante en congresos nacionales e internacionales y se le ha otorgado el premio a la Excelencia en la Calidad otorgado por la revista *Siete estrellas*.

Pedro Díaz Ridao es licenciado en Traducción e Interpretación por la Universidad de Granada, tiene una especialización en Business and International Relations por la Universidad de California en Berkeley (California) y un Executive MBA IEDE Business School y MBA en gestión de entidades deportivas Alfredo Di Stéfano.

Es cofundador de Inspirasports, director de MBA en Gestión Deportiva en Escuela de Estudios Universitarios Real Madrid-UEM y profesor en San Diego State University y Escuela de Estudios Universitarios Real Madrid-UEM.

Premio Jóvenes Emprendedores Sociales de 2010, consultor certificado en Lego Serious Play y colaborador con Naciones Unidas y Homeless World Cup en eventos de deporte para el desarrollo.

MAR CÁRDENAS MUÑOZ es licenciada en Psicología Industrial por la UNED y posee una suficiencia investigadora en Coaching en la Organización por la UNED.

Psicodramatista, especializada en el uso de las Técnicas Activas para el desarrollo personal y profesional, es profesora titular en la UEM de la asignatura de Dirección de RR. HH. y Organización, en el Grado de Ingeniería de Caminos, Canales y Puertos.

Desde 2009 es la responsable del Departamento de Formación y Desarrollo de Vodafone España. Antes ha sido directora de Selección, Formacion y Desarrollo en ING Nationale Nederlanden, directora de oficina en La Caixa de Pensiones de Barcelona, ejecutiva de cuentas en Abbey National Bank, jefe comercial en La Estrella Seguros y agente de seguros en Génesis, Grupo Metropolitan y Banco Santander.

ANA CRISTINA DOMÍNGUEZ es licenciada en Geografía e Historia con especialidad en Historia Medieval.

Su trayectoria profesional se ha centrado en la gestión de Recursos Humanos: ha sido técnico de Formación y Desarrollo en Repsol y, posteriormente, pasó a ser gerente de Recursos Humanos en Pepsico. Fue ahí donde dio el salto como directora de Recursos Humanos a Energizer, pasando a ser tiempo después directora de Recursos Humanos Iberia en UPS.

En la actualidad es la responsable de Recursos Humanos de las unidades de negocio en Vodafone España.

MÁS ALLÁ
DE LA PALABRA ESCRITA

Autores que te hablan cara a cara.

Descubre LID Conferenciantes,
un servicio creado para que las empresas
puedan acceder en vivo y en directo
a las mejores ideas, aplicadas a su
entorno por los más destacados
creadores del pensamiento empresarial.

- **Un espacio donde sólo están
  los mejores para que sea fácil seleccionar
  al conferenciante más adecuado.**

- **Un sitio con todos los datos y vídeos para
  que estés seguro de lo que vas a contratar.**

- **Un punto lleno de ideas y sugerencias
  sobre las cuestiones más actuales
  e interesantes.**

- **Un marco para encontrar directamente
  a los grandes ponentes internacionales.**

- **El único servicio de conferenciantes
  con el saber hacer de unos editores
  expertos en temas empresariales.**

- **La red de los mejores especialistas
  en empresa que cubre España
  e Iberoamérica.**

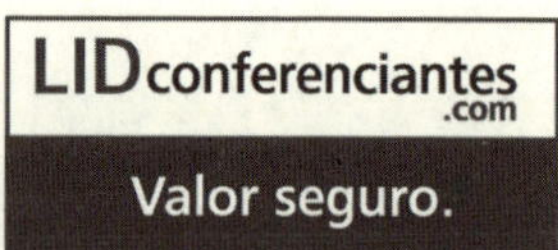

20 años

NOS QUEDA MUCHO POR HACER

- 1993 Madrid
- 2007 Barcelona
- 2008 México DF y Monterrey
- 2010 Londres
- 2011 Nueva York / Buenos Aires
- 2012 Bogotá